Cordula Hoffmann

Eine Klasse – ein Team!

Methoden zum kooperativen Lernen

Verlag an der Ruhr

Impressum

Titel:	Eine Klasse – ein Team! Methoden zum kooperativen Lernen
Autorin:	Cordula Hoffmann
Fotos:	Catherine Chevalier
Druck:	Druckerei Uwe Nolte, Iserlohn
Verlag:	Verlag an der Ruhr Alexanderstraße 54 – 45472 Mülheim an der Ruhr Postfach 10 22 51 – 45422 Mülheim an der Ruhr Tel.: 02 08/439 54 50 – Fax: 02 08/439 54 239 E-Mail: info@verlagruhr.de www.verlagruhr.de

© Verlag an der Ruhr 2009
ISBN 978-3-8346-0594-8

alle Schulstufen

Gedruckt auf chlorfrei gebleichtes Papier.

Die Schreibweise der Texte folgt der neuesten Fassung der Rechtschreibregeln – gültig seit August 2006.

Wir sind seit 2008 ein ÖKOPROFIT®-Betrieb und setzen uns damit aktiv für den Umweltschutz ein. Das ÖKOPROFIT®-Projekt unterstützt Betriebe dabei, die Umwelt durch nachhaltiges Wirtschaften zu entlasten.

Das Werk und seine Teile sind urheberrechtlich geschützt. Jede Verwendung in anderen als den gesetzlich zugelassenen Fällen bedarf der vorherigen schriftlichen Einwilligung des Verlages. Die im Werk vorhandenen Kopiervorlagen dürfen für den eigenen Unterrichtsgebrauch in der jeweils benötigten Anzahl vervielfältigt werden. Der Verlag untersagt ausdrücklich das Speichern und Zurverfügungstellen dieses Buches oder einzelner Teile davon im Intranet (das gilt auch für Intranets von Schulen), Internet oder sonstigen elektronischen Medien. Kein Verleih.

Inhaltsverzeichnis

Vorwort 5

1 Didaktische Grundlagen und Vorüberlegungen 7

Merkmale und Vorteile der kooperativen Lernumgebung 8
Organisatorische Empfehlungen zur Umsetzung......................................10

2 Methoden zum kooperativen Lernen 21

1 – 2 – Alle 22
1 – 2 – 4 – Alle..25
Reporter unterwegs...27
Partner-Check...30
3-Phasen-Interview..38
3er-Interview 41
Runder Tisch – reihum...44

Varianten zum Runden Tisch
Runder Tisch mit Redestift...47
Runder Tisch mit Schreibstift...50
Runder Tisch mit Schreibstift und Arbeitsblatt......................................53
Runder Tisch mit Kartenrätsel 55

1 – 2 – 3 – 4 – WIR 58
Tischset (Placemat) 63
Spione unterwegs 69
Aufgaben verschicken...71
Doppelkreis (Kugellager) im Stehen 74

Varianten zum Doppelkreis
Kugellager im Sitzen an den Tischen 77

Expertenmethode (Jigsaw) 80

Varianten zur Expertenmethode
Expertenmethode mit Doppelgänger 84
Expertenmethode mit doppeltem Boden – alles Material für jeden............88
Kreis der Weisen 89

Inhaltsverzeichnis

Arbeitsteilige Gruppenarbeit in Kleingruppen 92
Expertenmethode mit Beratern 94

Sandwichmethode 96
Vortrag – Mitschreiben – Wiedergeben – Ergänzen 99
Nachhilfe mit Karteikärtchen und Lob 102
Spinnennetz 105
Ampelkartenfeedback 108

Präsentationsmethoden
Präsentation im Plenum 112
Markt der Möglichkeiten 114
Uhrwerkpräsentation 116

Literatur- und Linktipps 119

Vorwort

Eine Klasse – ein Team: keine Selbstverständlichkeit, aber ein Ziel, das durch kooperative Unterrichtsmethoden angestrebt wird. Dabei ist **kooperatives Lernen** mehr als Gruppenarbeit: Es beinhaltet vielfältige Methoden, die durch klar vorgegebene Strukturen Schüler zur Zusammenarbeit in kleinen Gruppen anleiten und sie zu **Teamfähigkeit** hinführen.

Kooperative Unterrichtsmethoden lernte die Autorin während ihres mehrjährigen Aufenthalts in **Kalifornien Ende der 1980er-Jahre** kennen und schätzen. Es war eine Zeit des pädagogischen Aufbruchs, in der nach Lösungen gesucht wurde, um heterogene Lerngruppen sinnvoll und effektiv zu unterrichten. Im öffentlichen Schulsystem Kaliforniens gibt es ausschließlich integrierte Gesamtschulen – alle Schüler* besuchen dieselbe Schule zwölf Jahre lang. Als Einwanderungsland mit einer multikulturellen Gesellschaft sind die Lern- und Leistungsvoraussetzungen der Schüler dort äußerst unterschiedlich: Es gibt Kinder aus Mexiko, die mit elf Jahren noch nie eine Schule besucht haben, Schüler asiatischer Herkunft mit ehrgeizigem, schulleistungsorientiertem Elternhaus, Kinder mit schnellem und mit langsamen Aufnahmevermögen, und auch lernbehinderte Kinder sind in der Regelklasse integriert. „Sitzenbleiben" gibt es nicht. Diese Voraussetzungen schreckten die Lehrer jedoch nicht ab, sie wurden im Gegenteil dazu genutzt, effektives Lernen neu zu gestalten: Innovative und engagierte Lehrer entwickelten zusammen mit Hochschulen **alternative Unterrichtskonzepte**. In den Schulen wurde experimentiert und kooperiert, immer auf der Suche nach optimalen Lösungen.

Ein wichtiger Vertreter der damaligen Entwicklungen ist **Spencer Kagan**, der mit Studenten und Lehrern kooperative Unterrichtskonzepte entwickelte. Sie basieren auf Forschungsergebnissen von **Johnson und Johnson**, die bereits in den 1970er-Jahren mit ihren Forschungen Grundlagen zum kooperativen Arbeiten legten und die Effizienz dieser Methoden nachweisen konnten. Die Ideen regten an, wurden weiterentwickelt oder entstanden in anderen Teilen der Welt entsprechend des Zeitgeistes in ähnlicher Weise. Angesteckt vom amerikanischen Pioniergeist nahm die Autorin die **pädagogische Aufbruchsstimmung** mit zurück nach Deutschland und hat sich seither den kooperativen Unterrichtsmethoden sowohl in ihrem eigenen Unterricht als auch bei der Weitergabe derselben in Lehrerfortbildungen verpflichtet.

---

* Aus Gründen der besseren Lesbarkeit haben wir in diesem Buch durchgehend die männliche Form verwendet. Natürlich sind damit auch immer Frauen und Mädchen gemeint, also Lehrerinnen, Schülerinnen etc.

Vorwort

In diesem Buch werden intensiv **erprobte kooperative Unterrichtsmethoden** vorgestellt mit dem Ziel, dem Unterrichtenden eine Anleitung zur Organisation und Durchführung zu geben – ähnlich einem Kochbuch, dessen Rezepte genaue Anweisungen zum Vorgehen und eventuelle Tipps zum besseren Gelingen enthalten.

Einige Methoden sind so einfach und direkt anwendbar, dass auch unerfahrene Lehrkräfte sie ohne große Umstände in ihren Unterricht integrieren können. Frontalunterricht, Freiarbeit und Einzelarbeitsphasen werden so durch abwechslungsreiche Lernformen bereichert.

Viel Erfolg bei der Arbeit!

Cordula Hoffmann

Gruppenarbeit in der Klasse

1

Didaktische Grundlagen und Vorüberlegungen

Didaktische Grundlagen und Vorüberlegungen

Merkmale und Vorteile der kooperativen Lernumgebung

Im Unterschied zur allgemeinen Gruppenarbeit beinhaltet die kooperative Lernumgebung nach Johnson und Johnson folgende **Merkmale:**

- **Positive Abhängigkeit:** Die Gruppe arbeitet zusammen, um ein gemeinsames Gruppenergebnis zu erzielen; alle Materialien und Ressourcen (inklusive der Zeit) werden knapp, aber gerecht aufgeteilt.

- **Individuelle Verantwortlichkeit:** Jeder einzelne Schüler ist verantwortlich für seinen individuellen Beitrag zum Lernen in der Gruppe sowie für das Gruppenergebnis.

- **Direkte Interaktion:** Die Gruppenmitglieder arbeiten eng zusammen, am besten beträgt der Abstand zwischen ihren Köpfen 30 bis 50 cm.

- **Soziale Fertigkeiten:** Die Gruppenmitglieder lernen, sich gegenseitig zu respektieren und sich bei der Arbeit mit den anderen Gruppenmitgliedern zu arrangieren.

- **Reflexion der Gruppenarbeit:** Die Schüler erhalten nicht nur ein inhaltliches Feedback, sondern reflektieren die Methode und ihr Verhalten.

Die **Vorteile** dieser kooperativen Unterrichtsmethoden lassen sich im Einzelnen folgendermaßen beschreiben:

- Grundsätzlich erfüllen Methoden mit den beschriebenen Merkmalen in besonderem Maße Forderungen der modernen Hirnforschung zu **nachhaltigem Lernen.** Demnach sollte der Lernende möglichst intensiv und aktiv am Lernprozess beteiligt sein, über die Inhalte sprechen und möglichst viel selber ausführen. Unterrichtende sollten sich in derselben Verantwortung wie die medizinischen Praktiker dem Stand der Wissenschaft verpflichtet fühlen. Kooperative Unterrichtsmethoden sind in diesem Sinne nicht als bloße Abwechslung im Unterrichtsalltag zu betrachten, sondern sollten ständiger Teil des Unterrichts werden.

- Für den Lehrer bedeuten sie im Schulalltag durch ihre **Effizienz und Effektivität** zudem Entlastung, auch wenn sie zu Beginn, bis die Schüler diese Form des Arbeitens gewohnt sind, mehr Aufwand erfordern.

Didaktische Grundlagen und Vorüberlegungen

- Die vorgestellten Unterrichtsmethoden **fördern Teamfähigkeit**, sie setzen sie nicht voraus. Herkömmliche Gruppenarbeit im Unterricht scheitert oft, da eine wichtige Voraussetzung häufig nicht gegeben ist: Schüler verfügen nicht im notwendigen Maß über Kommunikations- und Kooperationsfähigkeit. Mit den hier vorgestellten Methoden können sie diese Qualifikationen im Laufe der Arbeit erwerben.

- Weitere **soziale Kompetenzen werden gefördert**, z.B. Kontakt- und Konfliktlösungsfähigkeit sowie Einfühlungsvermögen.

- **Alle Schüler sind aktiv am Lernprozess beteiligt**, es gibt kaum Raum für Trittbrettfahrer, sich wie bei freier Gruppenarbeit „wegzuducken".

- Es gibt **weniger Disziplinprobleme**, da die Arbeitsprozesse sehr kontrolliert verlaufen. Die Methoden kommen dem Bedürfnis der Schüler entgegen, sich mit den Klassenkameraden auszutauschen.

- Das **Selbstbewusstsein der Schüler wird gestärkt**, da sie ihre Selbstwirksamkeit in der Kleingruppe erleben.

- Lernen ist nachhaltiger in einer **Atmosphäre emotionaler Sicherheit**, wie sie Kleingruppen vermitteln können.

- Grundsätzlich **macht das Arbeiten mit einem oder mehreren Partner/n mehr Spaß**. Menschen haben ein Bedürfnis, sich gegenseitig auszutauschen – wenn's sein muss, eben auch über den Unterrichtsstoff.

- **Schwächeren Schülern kommen die Methoden zugute:** Für Schüler mit Sprach-, Lern- oder sozialen Problemen wird ein Schutzraum in der Kleingruppe geschaffen. Sie erfahren unmittelbare Ansprache, Hilfe und Feedback von ihren Mitschülern in einem klar strukturierten Rahmen.

- Auch **leistungsstärkere Schüler profitieren:** Lernpsychologisch ist nachgewiesen, dass durch das Lehren der Stoff vertieft wird. „Lernen durch Lehren (LdL)" heißt das Schlagwort hierfür (vgl. Prof. Dr. Jean-Pol Martin, Eichstätt). Der Begriff weist auf den Zuwachs kognitiver, fachlicher und didaktischer Kompetenzen durch das Unterrichten eines bestimmten Stoffes hin. Daneben können die Leistungsstärkeren ihre Führungskompetenzen in der Gruppe erproben und ausbauen.

Didaktische Grundlagen und Vorüberlegungen

Organisatorische Empfehlungen zur Umsetzung

Disziplin

Auch bei diesen Methoden ist das **Einhalten grundlegender Regeln** Voraussetzung für eine gelungene Umsetzung. Deshalb sollte unbedingt ein Zeichen für Ruhe mit den Schülern vereinbart werden, z.B. ein akustisches Signal (Glöckchen, Triangel, Klangschale etc.). Sehr gute Erfahrungen gibt es mit dem lautlosen Heben der Hand: Durch dieses Zeichen lenkt der Lehrer die Aufmerksamkeit der Schüler von der Arbeit in den Gruppen auf sich; alle, die das Handsignal sehen, dürfen ihren Satz beenden und heben ebenfalls die Hand, bis schließlich auch der letzte Schüler das Ruhesignal wahrgenommen hat und befolgt. Bis zur Einkehr völliger Stille können hier einige Momente vergehen, dafür fühlen sich die Schüler durch diesen allmählichen Übergang zur Ruhe in der Wichtigkeit ihrer eigenen Mitteilung in der Gruppe respektiert. **Positive Verstärkersysteme** können die Disziplin in der Klasse unterstützen. Die Schüler erfahren hier eine Bestätigung für das, was sie richtig und gut machen. Das wiederum stärkt ihre Bereitschaft, dieses Verhalten zu wiederholen. Das Sammeln von Klassenpunkten, die für etwas Angenehmes (Hausaufgabenfrei, Spielstunde, Ausflug etc.) eingelöst werden können, oder auch Belohnungssysteme für die Kleingruppen sind wirkungsvolle Mittel, um das Schülerverhalten zu steuern.
Wenn bestimmte Verhaltensregeln für die Gruppenarbeit vereinbart werden, ist es oft hilfreich, nicht sofort die Einhaltung aller Regeln gleichzeitig einzufordern, sondern sich ein **Ziel der Woche** vorzunehmen. Dies kann z.B. lauten: „Ich spreche während der Gruppenarbeit leise." Nach jeder Gruppenarbeitsphase reflektieren die Schüler zusammen mit dem Lehrer, ob sie das Ziel erreicht und damit eine Belohnung verdient haben oder inwieweit sie sich noch bessern müssen.

Gruppengröße

Die meisten der hier zusammengestellten Methoden funktionieren am besten mit **Vierergruppen**, die sehr schnell aus jeweils zwei Schülerpaaren gebildet werden können (s. S. 15). Doch was tun, wenn in einer Klasse nicht gerade 20, 24 oder 28, sondern 21 oder 22 Schüler sind? Da effektives Arbeiten in Fünfergruppen grundsätzlich schwierig ist, ist es empfehlenswert, in diesem

Fall auf Dreiergruppen auszuweichen. Die einzige Ausnahme, bei der Fünferbesser als Dreiergruppen geeignet sind, ist das *3-Phasen-Interview* (s. S. 38). Bei einer ungeraden Anzahl von Schülern in einer Klasse kann bei Partnerarbeitsphasen eine Dreiergruppe gebildet werden, die dann den Auftrag zu dritt bearbeitet, oder der Lehrer kann sich mit einem Schüler zusammentun.

Gruppeneinteilung

Die in diesem Band zusammengestellten Gruppenarbeitsmethoden funktionieren am effektivsten mit **heterogenen Kleingruppen**, deren Mitglieder sich bunt gemischt nach Leistungsstand, Geschlecht, Herkunft und Verhalten zusammensetzen. Diese festen Teams bleiben für eine begrenzte Zeit, z.B. von Ferien- zu Ferienabschnitt bestehen. Dazwischen sollten jedoch immer wieder zumindest kurze Phasen eingeplant werden, in denen durch geeignete kooperative Methoden (z.B. *Reporter unterwegs* oder *Doppelkreis*) die festen Gruppen aufgelöst werden und die Schüler auch mit anderen Klassenkameraden zusammen arbeiten können. Die Schüler mögen diese Abwechslung, und es stärkt den Teamgeist in der Klasse.

Schüler beim Partner-Check

Didaktische Grundlagen und Vorüberlegungen

Gruppeneinteilung nach Leistungsstand

Als besonders arbeitsfähig haben sich in der Praxis Gruppen erwiesen, die mit Hilfe einer Klassen-Leistungsrangliste zusammengestellt wurden. Hierbei können einzelne „Leitfächer", der Durchschnitt des letzten Zeugnisses etc. herangezogen werden. Man listet die Schülernamen entsprechend ihrer Leistungen geordnet auf und teilt sie anschließend in drei Gruppen ein, wobei die zweite in etwa doppelt so viele Schüler umfassen sollte wie die erste und dritte. In einer Klasse von 24 Kindern wären das 6 Schüler in der Gruppe der leistungsstärkeren Schüler, 12 Schüler im Mittelfeld und 6 Schüler in der Gruppe der Leistungsschwächeren. Für jede Vierer-Arbeitsgruppe wählt man nun einen Schüler aus der Gruppe der Leistungsstärkeren, zwei Schüler aus dem Mittelfeld und einen Schüler aus der Gruppe der Leistungsschwächeren.

Gruppeneinteilung nach Sympathie

Grundsätzlich sollte der Lehrer den Schülern ein Ziel der Gruppenarbeit verdeutlichen: Jeder Schüler kann mit jedem zusammenarbeiten.
Oft ist es jedoch ratsam, Schülerwünsche und -sympathien bei der Zusammenstellung der Gruppen zu berücksichtigen. Den Einzelnen fällt es dann leichter, eine vom Lehrer erstellte Sitzordnung zu akzeptieren. Außerdem kann man unnötige Probleme vermeiden, wenn Schüler, die auf gar keinen Fall miteinander arbeiten wollen, miteinander arbeiten müssen. Werden Wünsche bei der Gruppenzusammensetzung berücksichtigt, sollten die Schüler jedoch wissen, dass die Teams auch nach anderen Kriterien, wie Leistung, Verhalten, Muttersprache etc., zusammengestellt werden und dass ihre Wunschliste eben nur ein Kriterium neben anderen ist.

Eine Hilfe zur Zusammenstellung der Gruppen kann das im Folgenden vorgestellte soziometrische Verfahren sein. Bei einer Klassengröße von bis zu 30 Schülern sind nach dem hier beschriebenen Vorgehen zwei Stunden dafür einzukalkulieren, beim ersten Mal eventuell mehr. Dafür erhält man jedoch für einen Zeitraum von einem viertel bis halben Schuljahr funktionierende Teams, in denen wichtige Gruppenprozesse stattfinden können.

Vorgehen:
- Schülerliste erstellen: Der Lehrer erstellt eine Tabelle mit einer Klassenliste, auf der jedem Schüler eine Zahl zugeordnet wird. Die Tabelle erhält so viele Spalten wie Schülernamen.

Didaktische Grundlagen und Vorüberlegungen

- Liste präsentieren: Die Liste wird den Schülern auf dem Tageslichtprojektor präsentiert.

- Schüler wählen: Die Schüler notieren auf einem Zettel die Nummern der Schüler, mit denen sie gerne in einer Gruppe zusammenarbeiten möchten (möglichst viele Nennungen gewünscht) und mit wem sie sich eine Zusammenarbeit ganz und gar nicht vorstellen können (evtl. höchstens zwei Nennungen möglich). Den Schülern wird deutlich gemacht, dass ihre Wünsche am besten berücksichtigt werden können, wenn sie möglichst viele Positivnennungen aufschreiben.

- Auswertung in einer einfachen Soziomatrix: Die Ergebnisse der Befragung sollen anonym bleiben, d.h. die Schüler haben keinen Einblick in diese Auswertung.

I	hat gewählt
−	hat abgelehnt
I I	haben sich gegenseitig gewählt
−I	hat einen Schüler abgelehnt, wurde aber von diesem gewählt
I	wurde gewählt
−	wurde abgelehnt
=	haben sich gegenseitig abgelehnt
I−	hat einen Schüler gewählt, wurde aber von diesem abgelehnt

Der Lehrer trägt die Nennungen der Schüler in die Tabelle ein.

z.B. Ali hat sich mit „ja" für Nr. 2, 3, 4, 5, 6, 7, 8, 9 und 12 entschieden und mit „nein" gegen Nr. 10 und 11.

		1	2	3	4	5	6	7	8	9	10	11	12	13
1	Ali		I	I	I	I	I	I	I	I	−	−	I	
2	Carlo													
3	Colin													
4	Fabian													
5	Marc													

1 Didaktische Grundlagen und Vorüberlegungen

Wenn alle Schülerwünsche in der Tabelle eingetragen wurden, wird in einem zweiten Schritt in derselben Tabelle notiert, von wem die Schüler gewählt bzw. abgelehnt wurden:

		1	2	3	4	5	6	7	8	9	10	11	12	13
1	Ali		ǀǀ	ǀǀ	ǀǀ	ǀǀ	ǀǀ	ǀǀ	ǀǀ	ǀǀ	=	_ǀ	ǀ	
2	Carlo													
3	Colin													
4	Fabian													
5	Marc													

Ali wurde bei diesem Beispiel von den Schülern mit den Nummern 2, 3, 4, 5, 6, 7, 8, 9 und 11 gewählt und von Nr. 10 abgelehnt.

Mit Hilfe dieser Soziomatrix hat man die Wünsche der Schüler auf einen Blick und kann entsprechend anhand der Leistungsliste und der übrigen Kriterien die einzelnen Gruppen zusammenstellen.

Beispiel: Auswertung der Schülerbefragung mit Hilfe einer Soziomatrix

		1	2	3	4	5	6	7	8	9	10	11	12	13	14	15	16
1	Ali		ǀǀ	ǀǀ	ǀǀ	ǀǀ	ǀǀ	ǀǀ	ǀǀ	ǀǀ	=	_ǀ	ǀ		ǀ	⁻	
2	Carlo	ǀǀ		ǀǀ		ǀ	ǀǀ			ǀǀ	ǀǀ	ǀ		_ǀ			⁻
3	Colin	ǀ	ǀǀ			ǀ	⁻	ǀ			⁻			⁻		ǀǀ	ǀ
4	Fabian	ǀ		ǀ		ǀ			=			⁻	⁻	⁻	ǀǀ	ǀ	ǀ
5	Marc	ǀǀ	ǀ	⁻		ǀ			ǀ	ǀ				⁻			
6	Moritz	ǀ	ǀǀ	ǀ				ǀǀ	ǀ	⁻			ǀǀ	ǀ	ǀǀ		
7	Stephan	ǀ	ǀǀ	ǀ	=	ǀǀ	ǀǀ	ǀ		ǀ	=	⁻	ǀǀ	ǀ	ǀ	⁻	⁻
8	Victor	ǀ		⁻			ǀ	ǀ		ǀǀ				⁻		ǀ	
9	Yavuz	ǀǀ	ǀǀ			ǀ	⁻	=			ǀǀ	ǀǀ	ǀ		=	ǀǀ	ǀǀ
10	Andrea	⁻	ǀǀ		⁻		_ǀ		ǀ			ǀ	ǀǀ	ǀǀ	ǀǀ	ǀ	ǀ
11	Carla	ǀ̄	ǀ		⁻			ǀǀ		ǀ		ǀ	=	⁻		ǀ	ǀ̄
12	Elena	ǀ		_ǀ	⁻		ǀǀ				ǀǀ	=		ǀǀ		ǀǀ	⁻
13	Nadja	ǀ	ǀ̄			⁻		ǀ		⁻	=	ǀǀ	⁻	ǀ		ǀ	ǀ
14	Olga	_ǀ			ǀǀ	ǀ		ǀǀ				ǀǀ		ǀ	ǀ	_ǀ	⁻
15	Sarah				ǀ			ǀ	ǀǀ	ǀ	ǀ	ǀǀ		ǀ̄			ǀǀ
16	Tabea		⁻	ǀ	ǀ			⁻		ǀǀ	ǀ	_ǀ	⁻		ǀ	⁻	ǀǀ

Eine Klasse – ein Team!

Didaktische Grundlagen und Vorüberlegungen

Interpretationsbeispiele:
Victor (Nr. 8) wünscht explizit nur einen Mitschüler zur Zusammenarbeit und wurde von seinem Wunschpartner gewählt.
Stephan (Nr. 7) nannte sechs Jungen, mit denen er gerne zusammenarbeiten möchte, er stößt bei dreien auf Gegenliebe.
Victor (Nr. 8) wünschte sich keine Mädchen zur Zusammenarbeit, lehnt aber auch keines ab. Er selbst wird von einem Mädchen gewählt.

Frontalsitzordnung

Sitzordnung: feste Vierer- bzw. Dreiergruppen und Schüler durchnummerieren

Die Erfahrung hat gezeigt, dass es vorteilhaft ist, die Sitzordnung bewusst **festzulegen**. Dazu sollte die Anordnung der Tische und Stühle im Klassenzimmer genau überlegt sein: In Frontalphasen, in denen Lehrer oder Schüler etwas präsentieren oder erklären, der Lehrer Anweisungen gibt oder in denen an der Tafel oder auf dem Tageslichtprojektor gearbeitet wird, sollte auch die Sitzordnung frontal ausgerichtet sein. So brauchen die Schüler ihre

1 Didaktische Grundlagen und Vorüberlegungen

Köpfe nicht verdrehen, was physiologisch auf Dauer auch nicht sein sollte. Außerdem ist diese Sitzordnung in Frontal- und Einzelarbeitsphasen weniger störungsanfällig, Schüler an Gruppentischen sind in diesen Phasen leicht abgelenkt, da ihr Blick auf Mitschüler gerichtet ist. Die empfohlene Ausgangssitzordnung ist daher die **Frontalsitzordnung**.

Trotzdem muss sichergestellt sein, dass die Schüler schnell und ohne große Umräumaktionen in Gruppen zusammenkommen können. Dies kann so geschehen:

- Jeder Schüler erhält eine Zahl zwischen 1 und 4; hierzu werden die Schüler, wie in der Darstellung unten zu entnehmen, durchnummeriert.

- Die Vierergruppen werden gebildet, indem sich die Schüler 1 und 2 jeweils zu den Schülern 3 und 4 hinter sich umdrehen.

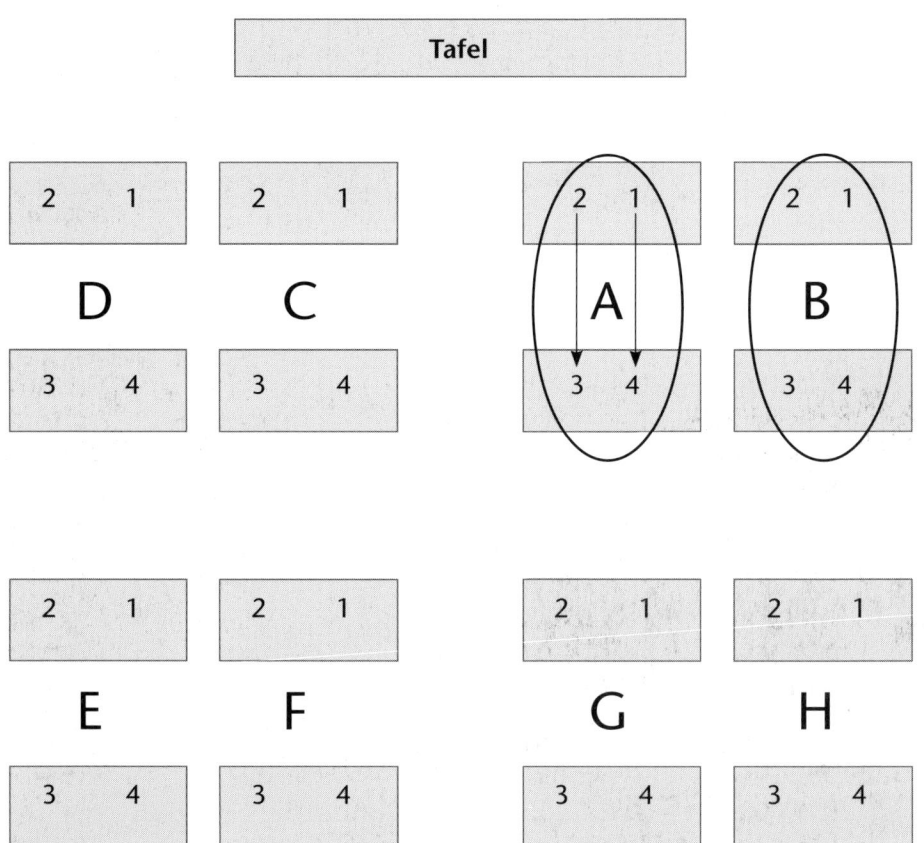

Besonders vorteilhaft ist bei dieser Gruppensitzordnung, dass der Abstand zwischen den Teammitgliedern nicht mehr als eine Tischbreite beträgt: Die Schüler fühlen sich dadurch mehr ihrer Gruppe zugehörig, können ihre Köpfe zusammenstecken und bei einem Redeabstand von 30 bis 50 cm recht leise miteinander sprechen. Auch für die Organisation des Unterrichts außerhalb kooperativer Unterrichtsmethoden hilft dieses Durchnummerieren und kann Unterbrechungen im Unterrichtsfluss reduzieren. Der Lehrer kann so beispielsweise schnell Aufträge erteilen: „Alle Vierer holen heute das Arbeitsmaterial", „Heute beginnen die Dreier" … Auch zur Abfrage von Gruppenergebnisse ist diese Kennzeichnung praktisch: „Heute berichten die Zweier, zu welchen Ergebnissen die Gruppe gekommen ist …"

Gruppennamen

Das **Zugehörigkeitsgefühl zu einer Gruppe** steigt mit ihrer Namensgebung. Schüler sind bei der Namensfindung teilweise sehr kreativ. Manchmal ist es ratsam, die Wahl zu beschränken, z.B. auf Tiernamen, Farben oder englische Begriffe im Fachunterricht. Bei älteren Schülern reicht auch das Durchbuchstabieren der Gruppen nach dem Alphabet. Die Vorteile der Gruppennamen zeigen sich z.B. bei einigen kooperativen Methoden (z.B. *1-2-3-4-WIR-Methode*) oder auch zur positiven Verstärkung bestimmter Gruppenverhaltensweisen („Dickes Lob an die Bärengruppe, alle sind sofort an die Arbeit gegangen.")

Gruppensitzordnung

Didaktische Grundlagen und Vorüberlegungen

Lehrerrolle

Die Lehrerrolle während Gruppenarbeitsphasen ist zunächst auf **genaues Beobachten** konzentriert: Haben die Schüler Schwierigkeiten bei der Umsetzung der Methode oder Verständnisprobleme? Es gilt, sie zu unterstützen, indem man die Anweisungen noch einmal verdeutlicht und auf Fragen und Probleme bei der Umsetzung eingeht.

Reflexion

Eine Reflexion mit den Schülern nach jeder Gruppenarbeitsphase unterstützt eine bessere Umsetzung der **Methode** in Zukunft und verstärkt das Gefühl der Eigenverantwortlichkeit bei den Schülern. Die Reflexion sollte die Methode (z.B.: „Welche Vorteile siehst du in der Methode?" „Was fandest du hilfreich/schwierig?" „Welche Probleme ergaben sich?") und das eigene **Verhalten** während der Gruppenarbeitsphase umfassen. Auch der **Arbeitsprozess** wird neben dem **Ergebnis** Gegenstand der Reflexion und Beurteilung. Sofern ein „Ziel der Woche" vereinbart wurde, sollte auch über dessen Umsetzung reflektiert werden.

Die Reflexion kann für alle kooperativen Arbeitsphasen verschieden gestaltet werden: mündlich im Plenum (wobei dann meist nicht alle Schüler zu Wort kommen), mit dem Partner, in der Gruppe, schriftlich in einem gesonderten Heft oder mit anderen Feedbackmethoden, z.B. mit dem Ampelkartenfeedback (vgl. Seite 108).

Präsentation

Nach den meisten Gruppenarbeitsphasen sollten die **Ergebnisse jedes Teams** der Klasse präsentiert werden. Das erhöht die Motivation der Schüler, denn die Ergebnisse werden zur Kenntnis genommen und wertgeschätzt, aber auch kritisch hinterfragt. Auch für den Lehrer ist diese Präsentationsphase ein wichtiger Zeitpunkt, die Arbeit der Gruppen zu beurteilen: Konnten die Schüler mit der Aufgabenstellung produktiv umgehen? Wenn nicht – woran lag es? Zu welchen Ergebnissen kamen sie? Wie kann die Klasse damit weiterarbeiten? Eine Reflexion mit den Schülern bringt oft wichtige Informationen für das weitere Vorgehen, das den Voraussetzungen und Möglichkeiten der Schüler noch besser angepasst werden kann.

Schließlich kann der Lehrer die Ergebnisse zur Überarbeitung in die Gruppen zurückgeben oder, bei Zeitknappheit, sie selbst zusammenfassen, gegebenenfalls richtigstellen oder ergänzen.

Präsentation

Methodenumsetzung innerhalb einer Schule

Sobald sich ein Lehrerteam innerhalb einer Schule entscheidet, bestimmte Methoden in seinen Klassen einzusetzen, ergibt sich ein Abstimmungsbedarf, wer wann welche Methode in welcher Klasse einführt oder wiederholt. Hier zwei Vorschläge, wie man diesem Kommunikationsbedarf effektiv und effizient nachkommen kann.

„Haus der Methoden"

Ein großes Plakat wird deutlich sichtbar im Klassenzimmer aufgehängt. Es enthält alle Methoden, die eingeführt werden sollen, und Raum, um zu vermerken, wer wann welche Methode in welchem Fach eingeführt oder wiederholt hat. Lehrer und Schüler haben ihr methodisches Repertoire somit immer deutlich vor Augen.

Didaktische Grundlagen und Vorüberlegungen

Haus der Methoden

Methode	Fach/Thema	Fach/Thema	Fach/Thema
Datum, Lehrer			
Methode	Fach/Thema	Fach/Thema	Fach/Thema
Datum, Lehrer			
Methode	Fach/Thema	Fach/Thema	Fach/Thema
Datum, Lehrer			
Methode	Fach/Thema	Fach/Thema	Fach/Thema
Datum, Lehrer			
Methode	Fach/Thema	Fach/Thema	Fach/Thema
Datum, Lehrer			
Methode	Fach/Thema	Fach/Thema	Fach/Thema
Datum, Lehrer			

Klassenbuchliste

Weniger aufwändig ist eine entsprechende Liste, in der die Methoden aufgeführt werden und die hinten im Klassenbuch eingeklebt werden kann.

2

Methoden zum kooperativen Lernen

1 – 2 – Alle

Diese Methode verkörpert das Grundprinzip kooperativen Lernens in Reinform und steht deshalb am Anfang dieser Methodensammlung. Im angelsächsischen Raum wird die Methode als *„Think-Pair-Share"* bezeichnet. Sie geht auf Professor Frank T. Lyman, University of Maryland, zurück, der sie zu Beginn der 1980er-Jahre mit seinem Team entwickelte.

Das Vorgehen erfolgt in drei Phasen:
(1) Am Anfang steht immer die individuelle Auseinandersetzung mit einem Thema („Think").
(2) Im zweiten Schritt erfolgt der Austausch mit einem Partner („Pair").
(ALLE) Schließlich werden die Ergebnisse im Plenum besprochen („Share").
Hinzu kommt eine **Reflexion** als weiterer wichtiger Bestandteil aller in dieser Sammlung vorgestellten Unterrichtsmethoden. Eine positive Rückmeldung an den Partner kann das Selbstbewusstsein des Gelobten steigern, seine Motivation für Teamarbeit erhöhen und ein gutes Arbeitsklima fördern. Jede Phase wird vom Lehrer zeitlich begrenzt, indem er das Ende durch ein akustisches oder Handzeichen signalisiert.

Diese Methode bietet große Vorteile gegenüber dem klassischen Unterrichtsgespräch, bei dem in der Regel nur der Lehrer spricht und jeweils ein Schüler eine Antwort gibt. Die Mehrheit der Schüler folgt dem Unterrichtsgeschehen dabei passiv oder gar nicht (was nicht selten eine Ursache für Unterrichtsstörungen ist). Die *1-2-Alle-Methode* bewirkt dagegen eine aktive Beteiligung vieler Schüler am Unterricht: Ihr Engagement ist bereits in der ersten Phase deutlich höher als im klassischen Unterrichtsgespräch – sie sind motivierter, sich mit der Aufgabe auseinanderzusetzen. Wesentlich mehr Schüler melden sich auch in der Plenumsphase, nachdem sie ihre Antworten bereits mit einem Partner besprochen haben, und die Qualität der Beiträge ist in der Regel besser.

1 – 2 – Alle

Eignet sich für nahezu jede Unterrichtsstunde, Klassenstufe, Klassengröße und jedes Unterrichtsfach. Ist ein guter Einstieg ins kooperative Lernen.

Ziele:
- Die Schüler sind aktiv am Unterricht beteiligt.
- Die Schüler durchdenken eine vorgegebene Frage/Aufgabenstellung.
- Jeder Schüler darf seine Antworten/Lösungen mindestens einem Mitschüler mitteilen und sie dabei noch einmal überdenken.

Vorgehen:
1. **(1) Einzelarbeit:** Arbeite zuerst alleine. (Lies die Aufgabe im Buch, und überlege, wie du sie lösen würdest!/Beantworte folgende Frage …/Lies den Text, und schreibe auf, was du besonders interessant/lustig/komisch/schwierig … findest./Lies den Text, und überlege dir eine passende Überschrift o.Ä.)
2. **(2) Partnerarbeit:** Arbeite mit deinem Tischnachbarn. (Vergleicht eure Ergebnisse/euren Lösungsweg/eure Antworten/Ideen/Vorschläge/Gedanken …) Der linke/rechte Tischnachbar beginnt.
3. **(ALLE) Plenum:** Stellt eure Ergebnisse (Lösungen, Vorschläge, Ideen etc.) der Klasse vor.
4. **Fragen zur Reflexion:** „Was hat dir an dem Vorgehen mit der *1-2-Alle-Methode* besonders gefallen?", „Schätze dein Verhalten während der *1-2-Alle-Methode* ein: Hast du deinem Partner gut zugehört?/Warst du konzentriert dabei?"

Methoden zum kooperativen Lernen

Erfahrungen aus der Praxis:
Diese Methode setzt keine Erfahrungen mit kooperativen Lernformen voraus, es müssen auch keine Kleingruppen gebildet werden. Deshalb kommt sie oft auch sehr spontan zum Einsatz:
In einer Erarbeitungsphase von Sachaufgaben in Mathematik hatte der Lehrer den Eindruck, dass die Aufmerksamkeit der Schüler abnahm. Er gab daraufhin folgenden Auftrag: „Bitte lest den Text noch einmal aufmerksam durch, und schreibt euch eine Frage auf, die man mit den angegebenen Informationen beantworten kann. Dafür habt ihr 3 Minuten Zeit. Wenn ich die Hand hebe, könnt ihr eure Frage eurem Tischnachbarn vorstellen und ihn fragen, ob er sie sinnvoll findet. Bitte begründet eure Antwort. Der rechte Tischnachbar darf heute beginnen." Plötzlich versenkten sich die Schüler in den Text und überlegten sich sinnvolle Fragen, da sie sich gleich darüber unterhalten sollten. Der sich anschließende Austausch der Tischpartner war sehr lebhaft, da fast alle Schüler gerne ihre Ergebnisse mitteilten und sich über eine Rückmeldung zu ihren Anstrengungen freuten. Schüler, die Probleme mit Sachaufgaben hatten, lasen in der ersten Phase zumindest den Text und konnten sich im anschließenden Zweiergespräch von ihrem Mitschüler mögliche Lösungen für die Aufgabenstellung erklären lassen. Außerdem hörten Schüler oft bei Partnerarbeit besser ihrem Nachbarn zu als dem Lehrer im Frontalunterricht. In der Plenumsphase waren die Schüler nun aufmerksamer, wenn Einzelne ihre Ergebnisse präsentierten, da sie sie mit ihren eigenen verglichen. Der Lehrer beschloss die Unterrichtsphase mit der Frage: „Was hat dir beim Austausch mit deinem Tischnachbarn heute besonders gefallen? Bitte teilt dies eurem Partner mit."

1 – 2 – 4 – Alle

Diese Methode ist eine Erweiterung der *1 – 2 – Alle-Methode* und beinhaltet neben Partnerarbeit auch eine Gruppenarbeitsphase:

(1) Einzelarbeit: selber nachdenken, Gedanken evtl. schriftlich formulieren.
(2) Austausch mit dem Partner.
(4) Austausch der Partner mit zwei anderen Partnern – am besten in der „festen" Vierergruppe.
(ALLE) Besprechung der Ergebnisse im Plenum.

Voraussetzung für die Methode ist, dass die Klasse grundsätzlich in Vierergruppen unterteilt wurde und diese sich schnell zusammenfinden können. Da die Gruppenarbeitsphase nicht notwendigerweise im Ablauf strukturiert ist, erhält die Phase der Partnerarbeit zuvor einen umso höheren Stellenwert. Jeder Schüler wird sich zumindest in der Partnerarbeitsphase einmal äußern, was bei Vierergruppen nicht selbstverständlich ist. Oft kann man bei „normaler" Gruppenarbeit erleben, dass einzelne Schüler sich gar nicht beteiligen, weil sie zu schüchtern sind, die Gruppenmitglieder sie nicht zu Wort kommen lassen oder sie lieber andere arbeiten lassen. Da hier in Phase 2 bei der Partnerarbeit bereits ein Austausch erfolgte, ist die Wahrscheinlichkeit, dass sich viele bei der Gruppenarbeit einbringen, höher. Aus der Psychologie ist bekannt: Wenn jemand einmal etwas gesagt hat, ist die Wahrscheinlichkeit, dass er sich noch einmal äußert, recht hoch.

1 – 2 – 4 – Alle

Eignet sich für nahezu jede Unterrichtsstunde, Klassenstufe, Klassengröße und jedes Unterrichtsfach.

Ziele:
- Die Schüler sind aktiv am Unterricht beteiligt.
- Die Schüler durchdenken eine vorgegebene Frage/Aufgabenstellung.
- Jeder Schüler bespricht und vertieft seine Antworten/Lösungen mit einem Partner und in einer Kleingruppe.

2 Methoden zum kooperativen Lernen

Vorgehen:

1. **(1) Einzelarbeit:** Arbeite zuerst alleine. (Lies die Aufgabe im Buch, und überlege, wie du sie lösen würdest./Beantworte folgende Frage …/Lies den Text, und schreibe auf, was du besonders interessant/lustig/komisch/schwierig … findest./Lies den Text, und überlege dir eine passende Überschrift …)

2. **(2) Partnerarbeit:** Arbeite mit deinem Tischnachbarn. (Vergleicht eure Ergebnisse/euren Lösungsweg/eure Antworten/Ideen/Vorschläge/Gedanken …) Der linke/rechte Tischnachbar beginnt.

3. **(4) Gruppenarbeit:** Arbeite mit deiner Vierergruppe. (Stelle die Idee deines Partners deiner Gruppe vor./Stellt eure Ergebnisse reihum vor, und einigt euch auf ein gemeinsames Ergebnis …)

4. **(ALLE) Plenum:** Stellt euer Gruppenergebnis (Lösungen, Vorschläge, Ideen etc.) der Klasse vor.

5. **Fragen zur Reflexion:** „Was hast du heute in der Gruppenarbeit zur Gruppenlösung beigetragen?", „Was fandest du an der heutigen Gruppenarbeit gut, was hat dich gestört? Was könntest du beim nächsten Mal besser machen?"

Erfahrungen aus der Praxis:
Es hat sich in der Praxis als zweckmäßig erwiesen, den Austausch der Paare in der dritten Phase innerhalb fester Vierergruppen durchzuführen. Die Schüler erleben diese feste Ordnung und Routine beim Austausch als organisatorische Sicherheit und können sich auf die Inhalte konzentrieren. Trotzdem ist es manchmal für die Schüler angenehm und abwechslungsreich, wenn sie sich auch mit anderen Paaren austauschen können. Dann kann man andere Verfahren wählen, z.B. freie Wahl des anderen Paares oder Zufallspaargruppenbildung per Kartenziehen o.Ä.

Reporter unterwegs

Wem der Austausch an Ideen oder Lösungen in Zweier- oder Vierergruppen noch immer zu begrenzt erscheint, wird die Methode *Reporter unterwegs* schätzen: Die Schüler machen sich als Reporter auf den Weg, um mehrmals verschiedene Mitschüler zu einem bestimmten Thema zu interviewen und sich im Gegenzug von ihrem Gesprächspartner befragen zu lassen. Anschließend informieren sich die Schüler in ihren Vierergruppen, was sie als Reporter in Erfahrung bringen konnten. Je nach Thema und Ziel, kann hier bereits eine Ergebniszusammenfassung oder eine Einigung auf ein Gruppenergebnis erfolgen, die anschließend dem Plenum präsentiert werden.

Neben dem Ziel des breiten Austauschs an Gedanken und Ideen kann *Reporter unterwegs* auch als Unterrichtsmethode gewählt werden, um die „festen" Tischnachbarn oder „festen" Vierergruppen zwischendurch für eine kurze Phase aufzulösen und den Schülern Gelegenheit zu geben, sich mit selbstgewählten Partnern auszutauschen. Dies kann den Teamgeist in der ganzen Klasse stärken.

Reporter unterwegs

Eignet ist sich für nahezu jede Unterrichtsstunde, Klassenstufe, Klassengröße und jedes Unterrichtsfach

Ziele:
- Es findet Kommunikation/Austausch über Einstellungen, Vorerfahrungen, Ideen oder Lösungen mit vielen Schülern in kurzer Zeit statt.
- Stärkung des Teamgeists in der Klasse durch Auflösung der „festen" Partner- oder Gruppenstrukturen zugunsten mehrmaliger, selbstgewählter Partnergruppen für kurze Zeit.

Vorgehen:
1. **Einzelarbeit:** Jeder Schüler überlegt sich eine Antwort auf eine vorgegebene Frage des Lehrers und macht sich dazu Notizen.

2. **Partnerarbeit 1:** Alle Schüler werden als „Reporter" ausgesandt: Sie suchen sich im Klassenraum einen Partner, der nicht ihr Tischnachbar oder ein Mitglied ihrer Kleingruppe ist. Sie befragen sich gegenseitig über das vorgegebene Thema und machen sich Notizen.

3. **Partnerarbeit 2:** Wenn ein Paar sich gegenseitig befragt hat, suchen sich die beiden Reporter jeweils einen neuen Gesprächspartner. Sie befragen sich wieder gegenseitig und machen sich weiter Notizen.

4. **Partnerarbeit 3 bis „n":** Die Schüler suchen sich so oft neue Partner, bis die vom Lehrer vorgegebene Zeit herum ist.

5. **Gruppenarbeit:** Die Reporter berichten in ihren Kleingruppen reihum, was sie auf ihrer Tour an Informationen erfahren haben.

6. **Plenum:** Je nach Thema und Ziel kann eine Zusammenfassung der Ergebnisse für jede einzelne Gruppe erfolgen.

7. **Fragen zur Reflexion:** „Hast du dich als Reporter an die Regel gehalten und mit deinen Partnern nur über das Thema gesprochen? Wenn nicht: Wie könntest du das beim nächsten Mal besser machen?"

Erfahrungen aus der Praxis:
Die Beobachtungen in einer fünften Klasse geben einen Eindruck, was diese Methode leisten kann:
Die Schüler nahmen im Fach Deutsch die Lektüre „Die Insel der blauen Delfine" von Scott o'Dell durch. Für ein fächerübergreifendes Projekt hatten sie sich pro Vierergruppe auf ein Tier aus der Lektüre geeinigt und sollten sich Fragen überlegen, um ihr Tier später der ganzen Klasse möglichst umfassend und interessant vorzustellen. Die Lehrerin bat die Schüler, zunächst einmal alleine nachzudenken und sich mindestens eine Frage auf einem kleinen Zettel zu notieren. Nachdem die Schüler damit fertig waren, gab sie folgende Anweisung: „Gleich werdet ihr Gelegenheit haben, euch mit einzelnen Mitschülern eurer Wahl über eure Fragen auszutauschen. Wenn ich „jetzt" sage, dürft ihr als Reporter einen Partner suchen, um herauszufinden, welche Fragen er hat. Ihr dürft euch Notizen machen, um die Fragen der anderen nicht zu vergessen. Dann sucht ihr euch einen neuen Partner. Ihr sollt möglichst viele Fragen sammeln, die eure Mitschüler interessant finden. Ihr werdet insgesamt fünf Minuten Zeit haben. Dann werde ich die

Methoden zum kooperativen Lernen

Hand heben, und ihr geht zurück in eure Gruppen. Dort berichtet ihr euch gegenseitig reihum, welche Fragen ihr gehört habt, und überlegt euch, welche ihr für euer Gruppenprojekt wählen wollt."

Die Schüler standen auf und fanden sich zu Paaren. Sie standen eng beieinander, sprachen leise und machten sich im Stehen ein paar Notizen. Einige Paare trennten sich recht schnell und suchten neue Partner, andere verweilten etwas länger beieinander, bevor auch sie sich zu einem anderen Schüler hinbewegten. So entstand der Eindruck ständiger Bewegung.

Nach fünf Minuten hob die Lehrerin ihre Hand. In den Kleingruppen stellten sich die Reporter ihre Ergebnisse vor. Die Lehrerin ging durch die Klasse und hörte einigen Gruppen für eine kurze Zeit zu, kommentierte aber nichts. Nachdem ca. zehn Minuten Austausch in den Gruppen erfolgte, stellten einige Schüler ihre Fragen vor. Wenngleich sie sich in den Gruppen sehr ähnelten, wurde in dieser Plenumsphase beeindruckend vor Augen geführt, wie sehr die Schüler sich mit „ihren" Fragen identifizierten, die teilweise sicher nur von einzelnen, wenn nicht gar von nur einem einzigen Schüler aus der Klasse stammten.

Der vielfältige, lebendige Austausch unter den Schülern vergrößert so den Blickwinkel eines jeden einzelnen und erhöht deutlich die Motivation, sich mit der Materie auseinanderzusetzen.

Partner-Check

Üben nimmt einen wichtigen Raum im Unterricht ein. Häufig geschieht dies in Einzelarbeit, oder Aufgaben sollen durch die Unterstützung in der Gruppe gelöst werden. Oft kann man jedoch bei beiden genannten Sozialformen nach einiger Zeit feststellen, dass die leistungsstärkeren Schüler bereits fertig sind, während Schüler aus dem Mittelfeld höchstens die Hälfte der Aufgaben gelöst haben. Bei genauer Beobachtung der Leistungsschwächeren stellt sich dann heraus, dass sie Dinge z.T. falsch einüben, aufgegeben oder gar nicht erst begonnen haben und stattdessen andere stören. Wenn die Ergebnisse besprochen werden, findet bei vielen Schülern ein mechanisches Verbessern statt, ohne Anspruch auf Durchdringung des Problems und damit oft ohne Verständnis.

Diesem Umstand begegnet der *Partner-Check*. Diese Methode ist eine klar strukturierte Partnerarbeit, bei der abwechselnd Aufgaben gelöst werden: Die Schüler teilen dabei ihrem Partner jeweils mit, was sie denken, was sie tun möchten oder wo sie Probleme haben. Während des Sprechens werden Ideen und Begründungen entwickelt, die Lösungen werden hinterfragt. Die Wahrscheinlichkeit, dass Falsches eingeübt wird, wird dadurch minimiert. Schwächere Schüler können während der gesamten Arbeitsphase Unterstützung erhalten. Zum einen, indem der Partner seine Übungsstrategie preisgibt: Er teilt seine Gedanken und Überlegungen zum Vorgehen genau mit und gibt somit ein Beispiel, wie man vorgehen kann. Ist der schwächere Schüler an der Reihe, eine Aufgabe zu lösen, kann er zusätzlich nachfragen, sich der Richtigkeit seiner Lösungsstrategie versichern oder Impulse und Tipps erhalten. Psychologen haben herausgefunden, dass nachhaltiges Lernen deutlich unterstützt wird, wenn man über das Thema spricht. Dies gilt auch für leistungsstärkere Schüler: Sie lernen effektiver und erfahren durch die Arbeit mit dem Partner, dass man zum Beispiel auch andere Lösungswege beschreiten kann. Jeder profitiert!
Wenn die Paare im Anschluss an die gelösten Aufgaben ihre Ergebnisse mit denen eines anderen Paares vergleichen, finden oft noch einmal Gespräche über unterschiedliche Lösungen statt, Lösungswege werden diskutiert und überdacht – so wird auch aus Fehlern gelernt.
Schüler sagen oft, dass sie beim Partner-Check schätzen, Fehler machen zu dürfen, nachfragen zu können, dass sie sich über Probleme klar werden, es besser schaffen, Fragen zu formulieren, und natürlich lieben sie einfach die Abwechslung im Unterricht.

Methoden zum kooperativen Lernen

Partner-Check

Eignet sich für Übungsaufgaben, deren Lösungen begründbar sind, oder zur Anwendung bestimmter Regeln (z.B. zum Einüben von Algorithmen, zum „Einschleifen" der Anwendungen bestimmter Formeln oder Regeln oder für Nachschlageübungen).

Ziele:
- Mit einem Partner verbalisieren die Schüler Denkprozesse Schritt für Schritt (über ein Thema/eine Aufgabe selbst sprechen/sein Vorgehen begründen).
- Sie stellen Fragen und helfen dem Partner.
- Die Schüler lernen nachhaltig, indem sie selbst sprechen, selbst denken und selbst Fehler korrigieren.

Vorgehen:
1. Beide Partner schreiben ihren Namen auf ein vorbereitetes Partner-Check-Arbeitsblatt (Beispiele s. S. 34–36).

2. Partner A liest die erste Aufgabe vor, und A „denkt laut" über die Lösung nach, d.h. er erklärt seinem Partner jeden Denkschritt sowie eventuelle Schwierigkeiten. Partner B hört aufmerksam zu; er stellt Fragen, wenn er einen Gedanken nicht versteht oder wenn er einer Überlegung oder einer Lösung nicht zustimmt, und gibt Tipps, wenn es notwendig erscheint.

3. Wenn Partner A und B der Lösung zustimmen, darf A die Lösung schriftlich fixieren.

4. Das Arbeitsblatt wird ausgetauscht; jetzt liest B die zweite Aufgabe, erklärt seine Gedanken und verfährt wie oben beschrieben usw.

   Wichtig: Die Partner wechseln nach jeder Aufgabe ihre Rolle. Beide Partner sind für alle Lösungen verantwortlich.

5. **Fragen zur Reflexion:** „Was hat dir an der Zusammenarbeit mit deinem Partner gefallen?", „Wie hat dein Partner dir geholfen? Gib deinem Partner eine Rückmeldung!"

2 Methoden zum kooperativen Lernen

Erfahrungen aus der Praxis:
Bei der Einführung dieser Methode empfiehlt es sich, auf folgende Punkte zu achten:

- Wählen Sie für Ihre ersten **Partner-Check-Arbeitsblätter** einfache Aufgaben, die die Schüler bereits ohne größere Probleme meistern können, sodass sie sich auf die neue Methode konzentrieren können.

- Die **Auswahl der Partner** muss der Lehrer zumindest mitbestimmen: Grundsätzlich sollten die Paare ein unterschiedliches Leistungsniveau besitzen, zwei leistungsschwächere Schüler sollten möglichst nicht zusammenarbeiten. Die Partner sollten von Zeit zu Zeit gewechselt werden.

- Der Lehrer erklärt den **Ablauf der Methode**: Auf dem Tageslichtprojektor oder an der Tafel hat er zwei Musteraufgaben, wie auf dem ersten Arbeitsblatt für den Partner-Check, vorbereitet. Er bittet zwei Schüler, im Rollenspiel das Vorgehen zu demonstrieren. Dazu wählt er zwei Schüler, die der inhaltlichen Aufgabe gut gewachsen sind, damit sie sich auf den Ablauf der Methode konzentrieren können.

- Die übrigen Schüler beurteilen anschließend kritisch, inwieweit die methodischen Vorgaben richtig umgesetzt wurden: „Was haben die beiden Schüler im Rollenspiel gut vorgemacht? Was könnte man besser machen?"

- Beobachten Sie während der Gruppenarbeitsphase genau, ob das vorgeschriebene Vorgehen von den Schülern befolgt wird, greifen Sie ggf. korrigierend ein. Halten Sie sich hinsichtlich der gefundenen Lösungen der Schüler aber möglichst zurück. (Hilfe: „Regeln zum Partner-Check", s. S. 37, im Klassenraum aufhängen). Das Arbeitsblatt „Hilfen beim Partner-Check" kann zur Unterstützung genutzt werden, wenn die Schüler im Gespräch der Lösung nicht näher kommen.

Weiterhin können folgende Tipps bei der Durchführung helfen:

- Wenn die Schüler ihre Aufgaben gelöst haben, können sie ein anderes Paar im Klassenraum aufsuchen, das auch bereits fertig ist. Sie vergleichen nun die Lösungen mit denen des anderen Paars und diskutieren ggf., bis Einigkeit über die Lösungen besteht. Andere Kontrollverfahren können je nach Klassensituation angewendet werden (ausliegendes Lösungsblatt, Kontrolle durch Lehrer etc.).

- Zur Ergebnissicherung lässt sich ein Partner-Check-Arbeitsblatt in der Mitte längs auseinanderschneiden, sodass jeder Schüler „seine" Aufgabenhälfte mit den Lösungen in sein Heft einkleben kann.

- Nachdem sich bei den Schülern eine gewisse Routine eingestellt hat, kann auf den Einsatz von Partner-Check-Arbeitsblättern verzichtet werden. Die Schüler erhalten stattdessen den Auftrag, bestimmte Übungen aus dem Buch entsprechend der Partner-Check-Methode mit einem Mitschüler zu bearbeiten. Hierfür benötigen sie lediglich ein Blatt Papier, das sie in der Mitte längs falten und auf das abwechselnd die Aufgaben aus dem Buch und deren Lösungen geschrieben werden.

Beispiel: Mathematik – Prozent %

Name:	
1. Wie viel Prozent sind 36 € von 45 €?	2. Wie viel % sind 26 kg von 104 kg?
3. Wie viel Prozent sind 180 g von 240 g?	4. Wie viel % sind 176 hl von 800 hl?
<div style="text-align:center">Schätze! Wie viel Prozent der Kreisfläche sind</div>	
5. hellgrau? ____ % grau? ____ %	6. dunkelgrau? ____ % weiß? ____ %
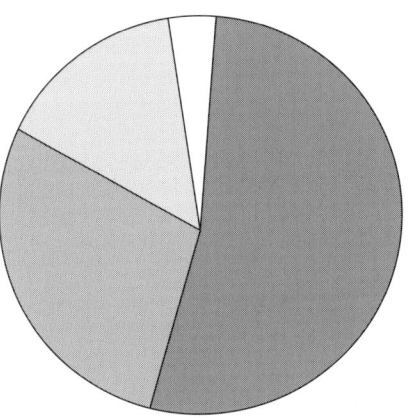	
7. Beim Versand von Vasen zerbrachen 15. Das waren 5 % der Lieferung.	8. Ein Autohändler nimmt einen Gebrauchtwagen in Zahlung. Nachdem er ihn wieder hergerichtet hat, verkauft er ihn mit 20 % Gewinn für 8 400 €. Zu welchem Preis hat er ihn in Zahlung genommen?

Beispiel: Deutsch – Satzglieder

Lies jeden Satz, und frage nach den Satzgliedern. Unterstreiche sie mit den entsprechenden Farben:

Subjekt – gelb, Prädikat – rot, Akkusativ-Objekt – grün,
Dativ-Objekt – blau, Adverbiale Bestimmung – orange

Name:	
1. Toms Mutter verkauft vormittags im Schulkiosk belegte Brötchen.	2. In der großen Pause drängeln sich die Schüler vor dem Kiosk.
3. Kerstin zeigt ihrer Freundin Karla Zaubertricks.	4. Karla schenkt ihrer Freundin aus Dankbarkeit eine CD.
5. Florians Kater hat über dem rechten Auge einen schwarzen Fleck.	6. Der Kater kann sehr geschickt auf Bäume klettern.
7. Julia hat eine CD in die Schule mitgebracht.	8. Julia hat sie Andreas für einen Tag geliehen.
9. Diese CD hat er daheim auf seinem Computer kopiert.	10. Am nächsten Tag gibt er die CD Julia zurück.

Hilfe beim Partner-Check: Mögliche Fragen und Erklärungen/Begründungen:

Fragen	Erklärung/Begründung
Was geht dir durch den Kopf?	Mir geht durch den Kopf, dass …
Was fällt dir zu … ein?	Mir fällt ein, dass …
Was liest du hier/in der Anweisung?	Ich lese hier, dass …
Welche Begriffe könnten wichtig sein?	Ich finde die Begriffe … wichtig.
Was ist deine Aufgabe?	Ich habe folgende Aufgabe …
Womit könntest du beginnen? Warum?	Ich beginne mit …, weil …
Wie könntest du vorgehen?	Ich gehe folgendermaßen vor: Zuerst …, dann werde ich …, anschließend …
Was machst du als Nächstes? Was ist der nächste Schritt? Warum?	Als Nächstes mache ich …, weil …
Wie könntest du jemandem die Aufgabe/Lösung erklären, der gar nichts davon versteht?	Jemandem, der nichts davon versteht, würde ich die Aufgabe/Lösung so erklären: …

Weitere wichtige Fragen/Hinweise, die du verwenden kannst:

- STOPP! Denke noch einmal darüber nach!
- Davon musst du mich überzeugen!
- Warum willst du das machen?
- Was wird dir in der Aufgabe alles mitgeteilt?

Methoden zum kooperativen Lernen

Regeln zum Partner-Check

Seid Coachs für den anderen:
Macht auf Fehler aufmerksam, aber korrigiert sie nicht!

Seid Teamplayer:
Sprecht alles aus, was euch zu einer Aufgabe durch den Kopf geht.

Findet gemeinsam eine Lösung:
Schreibt Lösungen erst auf, wenn der Partner zugestimmt hat! Übergeht nicht die Meinung eures Partners, sondern überzeugt ihn von eurer Lösung!

Lobt euch gegenseitig:
Verstärkt den Partner durch positive Rückmeldungen:
„Richtig!", „Super!", „Gut gemacht!"

Denkt an die Voraussetzung für gutes Lernen:
Selbst sprechen, selbst denken, selbst Fehler finden!

3-Phasen-Interview

Häufig macht man in einer Klasse folgende Beobachtung: Die Schüler sitzen im Stuhlkreis und sind aufgefordert, sich zu einer bestimmten Fragestellung zu äußern. Zum Beispiel sollen sie im Montagmorgenkreis berichten, wie sie das letzte Wochenende verbracht haben, oder zum Einstieg in die neue Unterrichtseinheit etwas über ihre Erfahrungen mit Haustieren erzählen. Grundsätzlich ist so eine Phase des „Andockens" jedes einzelnen Schülers an die Klasse oder an ein neues Thema aus pädagogisch-psychologischer Sicht sehr wichtig. Es zeigt sich auch, dass die Schüler so eine Phase schätzen, da fast jeder das Bedürfnis hat, sich den anderen mitzuteilen und sich in die Gruppe mit seinen individuellen Beiträgen einzubringen. Die ersten erzählen auch gleich hochmotiviert, der Rest der Klasse hört zunächst aufmerksam zu. Mit zunehmender Zahl an Redebeiträgen nimmt die Aufmerksamkeit und das Interesse der Gruppe jedoch ab, es kommt zu Störungen, und die Schüler verlieren die Lust, sich zu äußern. Hier wird deutlich, dass das Bedürfnis, sich mitzuteilen, nicht unbedingt mit der Bereitschaft und Fähigkeit einhergeht, sich den Großteil der Zeit den Beiträgen anderer zu widmen.

Das *3-Phasen-Interview* bietet dagegen Abwechslung und kann eine gute Alternative zum Stuhlkreisgespräch darstellen, wenn Schüler nicht die nötige Geduld und Aufmerksamkeit im Stuhlkreis mitbringen, der Lehrer die Phase des Andockens zeitökonomischer gestalten möchte oder es nicht unbedingt notwendig ist, dass alle – Schüler wie Lehrer – über jeden Beitrag Bescheid wissen müssen.
Es unterstützt die Konzentration und berücksichtigt die eingeschränkte Aufmerksamkeitsspanne der Schüler: Der zeitliche Rahmen ist überschaubar und der Interviewer muss sich konzentrieren und genau zuhören, um anschließend das Gehörte wiedergeben zu können.
Jeder Schüler fühlt sich ernst genommen und wertgeschätzt, wenn sein Gesagtes von jemand anderem wiedergegeben wird. Schüchterne Schüler schätzen zudem den Schutz der Kleingruppe und äußern sich oft freier als vor der ganzen Klasse.

3-Phasen-Interview

Eignet sich für Gruppengespräche zum Austausch von (Vor-)Erfahrungen, Einstellungen, Meinungen und Ideen.

Ziele:
- In der Kleingruppe (4er-Gruppe) lernen die Schüler, eigene Gedanken zu kommunizieren, Fragen zu stellen und Interviewtechniken einzuüben (wichtig z.B. für Expertenbefragungen bei Projekten, Betriebspraktika etc.).
- Sie üben aktives Zuhören sowie Zusammenfassen von Ideen und Gedanken.
- Alle Schüler sind aktiv am Lernprozess beteiligt.

Vorgehensweise bei 4 Gruppenmitgliedern:
1. **Phase 1:** Je zwei Gruppenmitglieder interviewen parallel die beiden anderen zu einem vorgegebenen Thema.

2. **Phase 2:** Rollenwechsel: Nun interviewen die bereits Befragten der Kleingruppen die vorherigen Interviewer.

3. **Phase 3:** Reihum fasst jedes Gruppenmitglied der Kleingruppe zusammen, was es bei Phase 1 oder 2 vom Interviewpartner erfahren hat und schließt mit der Frage ab: „Habe ich dich richtig wiedergegeben?"

Vorgehensweise bei 5 Gruppenmitgliedern:
1. + 2. Phase: Während sich die beiden Gruppenmitglieder 1 und 2 gegenseitig interviewen, erfolgen parallel drei Interviews:
- Schüler 3 interviewt Schüler 5,
- Schüler 5 interviewt Schüler 4,
- Schüler 4 interviewt Schüler 3.

Die Schüler 3, 4 und 5 haben also etwas weniger Zeit pro Interview als die Zweierpaare.

3. **Phase 3** erfolgt wie bei Vierergruppen: Reihum berichtet jeder, was er von seinem Interviewpartner erfahren hat. Hier benötigen Fünfergruppen manchmal etwas mehr Zeit.

4. **Fragen zur Reflexion:** „Was hat dir bei dieser Methode besonders gefallen?"

Methoden zum kooperativen Lernen

Erfahrungen aus der Praxis:
Sehr gute Erfahrungen mit dem 3-Phasen-Interview gibt es
- bei Themen zum Austausch von Meinungen und Einstellungen (z.B. in Deutsch im Rahmen einer Lektüre zur Frage „Wie hättest du gehandelt?"),
- bei Themen wie „Meine Erfahrungen mit ..." als Einstieg in die entsprechende Unterrichtseinheit,
- beim „Montagmorgen-Gesprächskreis" in der Grundschule/ Orientierungsstufe.

Es hat sich zudem als hilfreich erwiesen, den Schülern bei der Einführung der Methode zunächst die Interviewtechnik deutlich zu machen, da diese nicht von allen Schülern automatisch beherrscht wird.
Dazu kann man den Schülern folgende Gesprächshinweise geben:

Der Interviewer ...
- stellt Fragen, die zum Sprechen anregen (keine Fragen, die mit „ja" oder „nein" zu beantworten sind; besser: W-Fragen),
- hört gut zu,
- stellt Rückfragen (Verständnisfragen, vertiefende Fragen),
- spricht nicht von sich.

Der Interviewte ...
- antwortet möglichst genau auf die Frage,
- spricht von sich per „ich" und nicht per „man".

3er-Interview

Eine weitere Alternative zum normalen Stuhlkreis stellt das *3er-Interview* dar: Zunächst wird in Dreiergruppen reihum ein Gruppenmitglied zu einem vorgegebenen Thema interviewt. Ein Gruppenmitglied hört dabei jeweils zu und macht sich Notizen. Anschließend geben diese „Zuhörer" im Plenum – z.B. im Stuhlkreis – wieder, was sie Wesentliches von dem Interviewten behalten haben.

Zusammenfassend lassen sich folgende Stärken der Methode anführen:

- intensiverer Austausch in den Kleingruppen mit hoher Aufmerksamkeit der beiden Zuhörer;
- komprimierte Beiträge im Plenum, die die Informationen aus den Kleingruppen zusammenfassen;
- alle, auch der Lehrer, hören die wesentlichen Informationen über jeden einzelnen Schüler;
- meist viel informativere Statements über die einzelnen Schüler, als wenn diese sie selbst einbringen: größere Ausschmückungen entfallen und ansonsten oberflächliche Beiträge von zurückhaltenden Schülern fallen etwas inhaltsreicher aus.

Methoden zum kooperativen Lernen

Das *3er-Interview* mit anschließendem Kreisgespräch dauert keineswegs automatisch länger als ein „normales" Kreisgespräch, da die Beiträge nach den Interviews in den Kleingruppen komprimiert sind.

3er-Interview

Eignet sich für Klassengespräche, bei denen sich jeder Schüler äußern soll und jeder die Beiträge seiner Mitschüler mitbekommen soll.

Ziele:
- Die Schüler führen Interviews in Dreiergruppen durch.
- Sie hören gut zu.
- Sie geben die Inhalte eines gehörten Interviews im Plenum wieder.

Vorgehen:
1. Gruppenmitglied 1 interviewt Gruppenmitglied 2, Gruppenmitglied 3 hört zu und macht sich Notizen.

2. Gruppenmitglied 2 interviewt Gruppenmitglied 3, Gruppenmitglied 1 hört zu und macht sich Notizen.

3. Gruppenmitglied 3 interviewt Gruppenmitglied 1, Gruppenmitglied 2 hört zu und macht sich Notizen.

4. **Anschließend wird im Plenum, z.B. im Stuhlkreis, aus jeder Gruppe berichtet:**
   Gruppenmitglied 3 berichtet über das Gehörte von Gruppenmitglied 2, Gruppenmitglied 1 über das Gehörte von Gruppenmitglied 3 und Gruppenmitglied 2 über das Gehörte von Gruppenmitglied 1 in der Form: „Karl, wenn ich dich richtig verstanden habe, hast du gesagt, dass …" und schließt mit der Frage: „Habe ich dich richtig wiedergegeben?"

5. **Fragen zur Reflexion:** „Was fandest du am 3er-Interview vorteilhaft im Vergleich zum normalen Stuhlkreisgespräch?"

Methoden zum kooperativen Lernen

Erfahrungen aus der Praxis:
Eine Schulklasse traf sich nach einem Berufspraktikum wieder. Als Einstieg in die Nachbereitung des Praktikums gab der Lehrer den Schülern den Auftrag, sich Interviewfragen für ihre Mitschüler zu den Erfahrungen und Erlebnissen im Berufspraktikum zu überlegen. Anschließend wurden die Schüler in Dreiergruppen aufgeteilt und sollten sich interviewen. Für jedes Interview wurden fünf Minuten eingeplant. Die Interviews in den Kleingruppen fielen teilweise sehr lebhaft aus, zweimal unterbrach der Lehrer die Schüler und bat sie, leiser zu sprechen. Ansonsten war der Lehrer während dieser Phase nicht gefordert. Nach 15 Minuten bildeten die Schüler einen Stuhlkreis. Auch der Lehrer nahm darin Platz. An der Tafel hatte der Lehrer die oben angegebenen Satzanfänge notiert. Nun berichtete jeder Schüler über einen Mitschüler und dessen Erfahrungen und Erlebnisse in seinem Praktikum. Die Beiträge dauerten selten mehr als eine Minute und waren überwiegend abwechslungsreich und informativ. Interessant war, dass die Redner nicht zum Lehrer gerichtet sprachen – wie sonst in Stuhlkreisen üblich –, sondern zu dem Schüler, über den sie gerade berichtete. Der Lehrer trat völlig in den Hintergrund. Er machte sich Notizen, manchmal stellte er noch Zusatzfragen an den Interviewten. Auch über schüchterne oder ansonsten sehr zurückhaltende Schüler erfuhr die Klasse interessante Tatsachen, die die betreffenden Schüler in einer Plenumsphase wahrscheinlich so nicht von sich gegeben hätten. Überhaupt wirkte die Runde sehr entkrampft: Eine häufig anzutreffende Hemmung Jugendlicher, etwas über sich selbst vor einer größeren Gruppe zu berichten, war nicht zu bemerken.

2 Methoden zum kooperativen Lernen

Runder Tisch – reihum

Wesentlicher Bestandteil des kooperativen Lernens ist die Arbeit in Kleingruppen. Je mehr Struktur der Leher dabei vorgibt, desto weniger fällt man über die typischen Stolpersteine von Gruppenarbeit: Trittbrettfahrer, Störungen durch Privatgespräche, Dominanz Einzelner, die das Wort und die Arbeit an sich reißen, Untertauchen anderer …

Hilfskonstrukte wie vereinbarte Gesprächsregeln oder Rollenzuweisungen („Regelwächter" überwacht die Gesprächsvorgaben, ein „Zeitwächter" überwacht die Redezeit jedes Gruppenmitglieds etc.) führen nicht immer zum erwünschten Ziel, da besonders jüngere Schüler mit der Vielzahl der Aufgaben überfordert sind: Sie sollen sich inhaltlich intensiv mit einem Thema auseinandersetzen, sich dazu äußern und anderen zuhören, gleichzeitig die vereinbarten Regeln einhalten und die Aufgaben, die ihre Rollen mit sich bringen, erfüllen.

Als Alternative ist der *Runde Tisch* eine einfache Methode, mit der man den mündlichen Austausch von Gedanken oder Ideen in Kleingruppen klar strukturieren kann. Es setzen sich in der Regel vier Schüler zusammen und äußern sich reihum zu einem bestimmten Thema. Diese simple Vorgabe hat in der Unterrichtspraxis eine enorme Wirkung. Es redet immer nur ein Schüler, und da jeder weiß, dass auch er an die Reihe kommen wird, können sich die anderen leichter zurücknehmen und warten, bis sie dran sind. Auf diese Weise üben die Schüler Kernelemente guter Gesprächsführung ein, eine wichtige Voraussetzung für die mit dem kooperativen Lernen angestrebte Teamfähigkeit. Und da immer nur einer pro Gruppe spricht und keiner den anderen unterbricht, liegt der Geräuschpegel im Klassenzimmer bei dieser Methode auf einem angenehmen Niveau.

Der Lehrer sollte vor der ersten Gesprächsrunde den Schülern erklären, dass sie grundsätzlich etwas sagen müssen, wenn sie an der Reihe sind. Das kann auch nur die Bemerkung sein: „Im Moment möchte ich dazu nichts sagen." Dieser Satz kann als Muster auch an der Tafel stehen, sodass die Schüler während des gesamten Gesprächs an diese Möglichkeit erinnert werden und sich nicht unter Druck gesetzt fühlen.

Die Methode ist auch für ganz junge Schüler geeignet, die noch nicht schreiben können. Zudem kann sie sinnvoll eingesetzt werden, wenn ein gemeinsames Gruppenergebnis weniger wichtig ist als die aktive Mitarbeit aller Schüler.

Methoden zum kooperativen Lernen

Bei der Reflexion sollen die Schüler verstehen, warum die Vorgaben zur Gesprächsführung gemacht wurden. Damit erhöht man ihre Bereitschaft, sich in Zukunft besser an die Regel zu halten, auch wenn es Einzelnen zu Beginn schwerfallen mag.

Runder Tisch – reihum

Eignet sich zum Austausch von Gedanken, Ideen und Meinungen für alle Klassenstufen und fast alle Fächer.

Ziele:
Die Schüler tauschen sich in Kleingruppen aus, indem sie
- erst sprechen, wenn sie an der Reihe sind;
- andere nicht unterbrechen.

Vorgehen:
1. Die Schüler setzen sich zu viert – oder eventuell zu dritt bei entsprechender Gruppengröße – um einen Tisch.
2. Reihum äußern sie sich zu einem bestimmten Thema.
3. Es kann je nach Aufgabe mehrere Gesprächsrunden geben.
4. Wenn ein Schüler sich nicht zu dem Thema äußern kann oder möchte, muss er dies den anderen mitteilen: „Im Moment möchte ich dazu nichts sagen."
5. **Fragen zur Reflexion:** „Wie hast du das Gespräch mit der Methode *Runder Tisch* in deiner Gruppe erlebt?" „Ist es dir schwergefallen, dich an die Regel zu halten: ‚Erst sprechen, wenn du an der Reihe bist'?"

2 Methoden zum kooperativen Lernen

Erfahrungen aus der Praxis:
Um unnötigen Auseinandersetzungen und Streitereien in den Kleingruppen zuvorzukommen, empfiehlt es sich, festzulegen, wer beim *Runden Tisch* beginnt:
Wenn den Schülern der Gruppen Nummern zugeordnet wurden (s. S. 15), kann man z.B. festlegen: „Heute beginnen die Zweier." Andere Möglichkeiten sind: „Der Jüngste/Älteste in der Gruppe beginnt", „Dessen Nachname als Erstes/Letztes in der alphabetischen Reihenfolge innerhalb der Gruppe vorkommt, beginnt" usw.

Gute Erfahrungen mit der Methode *Runder Tisch – reihum* gibt es besonders in folgenden Unterrichtsphasen:

- Einstieg in eine neue Themeneinheit (z.B. „Was fällt dir zum Thema … ein?", „Welche Erfahrungen hast du mit …?")

- Aktivierung der Schüler zwischendurch („Was fandest du in der Geschichte besonders interessant?", „Wie denkst du über …?")

- Abschluss einer Unterrichtsstunde („Was fandest du an unserem Thema besonders interessant?", „Was hast du in dieser Unterrichtsstunde Neues gelernt?").

Darüber hinaus kann auch bei der Hausaufgabenkontrolle diese Methode erfolgreich eingesetzt werden: In den Kleingruppen lesen die Schüler reihum ihre Lösungen vor; wenn Teamkollegen mit der Lösung nicht einverstanden sind, signalisieren sie dies z.B. mit einer roten Karte (s. S. 108). Die Gruppe einigt sich entweder auf die richtige Lösung oder die Aufgabe wird zur Besprechung im Plenum markiert. Der Lehrer kann in der Zwischenzeit von Gruppe zu Gruppe gehen und die Hausaufgaben abzeichnen.

Runder Tisch mit Redestift

Diese Methode ist eine Ergänzung zum zuvor beschriebenen *Runden Tisch – reihum*. Die Kleingruppen sitzen jeweils um einen Tisch herum und legen einen Stift als Gruppenredestift in die Mitte. Es gilt die Regel: Nur wer den Stift in der Hand hat, darf reden. In einer ersten Runde äußern sich die Schüler jeweils reihum zu einer bestimmten Frage, geben den Stift also immer an ihren Nachbarn weiter. Alle Schüler müssen sich in dieser ersten Runde äußern, sei es auch nur: „Dazu möchte ich im Moment nichts sagen." Diese erste Runde reihum ist wichtig, da jemand, der bereits irgendetwas gesagt hat, sich mit erhöhter Wahrscheinlichkeit auch ein zweites Mal äußert, sich also in die weitere Diskussion einbringt. Nach dieser ersten Runde folgen mehrere Runden, in denen die Schüler ohne vorgegebene Reihenfolge zu Wort kommen können. Der Redestift verkörpert dabei die Gesprächsregeln „Ich lasse andere ausreden", „Ich höre meinen Teamkollegen zu" und „Ich spreche erst, wenn ich an der Reihe bin". Schüler, die in freien Gesprächen stark dominieren, müssen hier andere ausreden lassen und können erst das Wort ergreifen, wenn sie den Redestift wieder in der Hand halten. Die Schüler sollten sich während des Gesprächs Notizen machen dürfen, damit sie nicht vergessen, was sie sagen wollten.

Runder Tisch mit Redestift

Eignet sich für alle Arten von Gruppendiskussionen, für alle Altersstufen und in fast allen Fächern.

Ziele:
Die Schüler diskutieren in einer Gruppe, indem sie
- erst sprechen, wenn sie dran sind,
- andere ausreden lassen.

Vorgehen:
1. Die Schüler setzen sich zu viert – und eventuell zu dritt bei entsprechender Gruppengröße – um einen Tisch.
2. Auf dem Tisch liegt ein Stift, der „Redestift".
3. **Erste Gesprächsrunde reihum:** Ein Schüler nimmt den Stift und äußert sich zu einem vorgegebenen Thema, anschließend gibt er den Stift an seinen Nachbarn weiter, der nun reden darf. Dieses Vorgehen wird fortgesetzt, bis jeder in der Gruppe sich einmal geäußert hat.
4. Wenn ein Schüler sich nicht zu dem Thema äußern kann oder möchte, muss er dies den anderen mitteilen: „Im Moment möchte ich dazu nichts sagen."
5. **Weitere Gesprächsrunden:** Wenn ein Schüler das Wort ergreifen möchte, muss er den Redestift in die Hand nehmen. Sobald er seinen Redebeitrag beendet hat, legt er den Stift wieder auf den Tisch. Nun kann ein anderer Schüler den Stift nehmen und etwas sagen usw.
6. Jeder Schüler darf sich während des Gesprächs Notizen machen, um nicht zu vergessen, was er sagen möchte.
7. **Fragen zur Reflexion:** „Was hat dir bei dieser Methode gefallen?", „Was ist dir schwergefallen?", „Welche Vorteile siehst du bei dieser Methode gegenüber normalen Gruppengesprächen?"

Erfahrungen aus der Praxis:
Statt eines Redestifts kann der Lehrer auch jeder Gruppe einen „Redestein" zur Verfügung stellen. Der fühlt sich angenehm an – und stellt damit vor allem für jüngere Schüler eine zusätzliche Motivation dar, ihn in die Hand zu nehmen und damit das Wort zu ergreifen.
Um den Stift „attraktiver" zu machen, brachte eine Schülergruppe sogar Schaumstoffbälle mit, die sie jeweils auf einen Stift steckten, sodass sie ein Redemikrofon statt eines Redestifts weiterreichen konnten.

Bei der Reflexion zu dieser Methode berichteten manche Schüler, wie schwer es ihnen gefallen war, andere nicht zu unterbrechen und abzuwarten, bis sie den Stift endlich in der Hand hatten. Diese Erfahrung wurde teilweise als Selbsterkenntnis erlebt, die zu einer Verhaltensänderung im Gespräch mit anderen führen könnte. Bestärkt wurden diese Schüler auch durch die Erfahrung, dass Mitschüler, die sich sonst gar nicht äußern oder von anderen sofort unterbrochen werden, überraschend gute Beiträge brachten. Es lohnte sich also, anderen auch einmal zuzuhören.

Ältere Schüler mit der Schwierigkeit, abzuwarten, bis sie an der Reihe sind, kritisierten nicht selten die Methode an sich, da sie jegliche Spontaneität einer lebendigen Diskussion verhindere. Außerdem hätten sie oft vergessen, was sie sagen wollten, bis sie endlich an der Reihe waren. Zu lernen, sich zurückzunehmen, sich selbst zu kontrollieren, ist jedoch Voraussetzung für ein gutes Arbeiten im Team. Den Schülern ihre bisherige schlechte Gesprächskultur transparent zu machen, sie aber trotzdem ernst zu nehmen und sie auf dem Weg zu mehr Teamfähigkeit zu begleiten, ist deshalb bei dieser Methode sehr wichtig.

Gleichzeitig gibt diese Methode nach der ersten Runde viel Freiheit, ob, wann, wie oft und wie lange der Einzelne sich äußern möchte.

Runder Tisch mit Schreibstift

Bei dieser Variante der *Runder-Tisch-Methode* wird ein schriftliches Gruppenergebnis erstellt. Sie kann schweigend oder mit mündlichen Erläuterungen in der Gruppe durchgeführt werden.

Die Methode ist schnell einsetzbar und erzielt hohe Synergieeffekte: Da die Schüler nur einen Stift zur Verfügung haben, schenken sie den Beiträgen ihrer Mitschüler automatisch Beachtung. Die Schüler lesen die Beiträge der Teamkollegen, sodass es zu keinen Wiederholungen kommt, und sie lassen sich so zu neuen Gedanken und Ideen inspirieren, wodurch ein echtes Gruppenpapier entsteht.

Runder Tisch mit Schreibstift

Eignet sich zum Abrufen von Vorwissen, Erstellen von Gruppen-Mindmaps, für Gruppen-Brainstormings zu vorgegebenen Themen und für Übungsphasen.

Ziele:
- Die Schüler teilen ihre Gedanken/Ideen in einer Gruppe zu einem Thema schriftlich mit.
- Sie lassen sich von den Beiträgen der anderen Gruppenmitglieder zu neuen Gedanken/Ideen inspirieren.

Vorgehen:
1. Auf dem Tisch, um den die Gruppe sitzt, liegt ein Stift und ein Blatt Papier oder eine Folie für den Tageslichtprojektor.
2. **Erste Schreibrunde reihum:** Ein Schüler nimmt den Stift und schreibt etwas zu einem vorgegebenen Thema gut leserlich auf das Blatt oder die Folie; der Lehrer legt fest, ob dieser Beitrag mündlich kommentiert werden darf oder ob diese Gruppenarbeit schweigend und schriftlich durchgeführt werden soll.
3. Anschließend gibt der Schüler den Stift an den Nächsten in der Gruppe weiter, der nun schreiben darf; dieses Vorgehen wird fortgesetzt, bis jeder in der Gruppe sich einmal schriftlich geäußert hat. Wenn ein Schüler nichts zu dem Thema schreiben kann oder möchte, gibt er den Stift einfach weiter.

4. **Weitere Schreibrunden:** Wenn ein Schüler einen Beitrag auf dem Blatt Papier (auf der Folie) leisten möchte, nimmt er den Stift und schreibt seine Idee deutlich lesbar für die anderen auf. Danach legt er den Stift wieder auf den Tisch, und ein anderer Schüler kann weiterschreiben usw. Wenn mehrere Schüler zur gleichen Zeit den Stift ergreifen wollen, hat derjenige Vorrang, der bisher weniger aufgeschrieben hat.

5. Wenn Folien benutzt wurden, kann das Gruppenergebnis auf dem Tageslichtprojektor der Klasse präsentiert werden.

6. **Fragen zur Reflexion,** z.B. bei der Durchführung ohne mündlichen Austausch: „Wie hast du die Schweigezeit während der Gruppenarbeit empfunden? Ist es dir schwergefallen, so lange nicht zu reden?"

Erfahrungen aus der Praxis:
In einer Klasse forderte der Lehrer seine Schüler auf, mit Hilfe dieser Methode folgende Frage zu beantworten: „Welche Tiere, die bei uns im Wald leben, kennst du?", und er fügte hinzu: „Du darfst immer nur einen Tiernamen aufschreiben." Die Schüler begaben sich in ihre Gruppen. In der Mitte jedes Gruppentisches lag ein leeres Blatt Papier. Ein Schüler nach dem anderen schrieb reihum irgendwo, völlig ungeordnet Tiernamen auf das Blatt, dabei redete keiner.
Der Lehrer erzielte mit der Methode ein schnelles, effektives Sammeln von Tiernamen, die für die Unterrichtseinheit relevant sein würden, sowie ein persönliches Andocken jedes Schülers an das neue Thema. Alle Schüler sind im Prozess des Sammelns aktiv tätig, was bei einem Unterrichtsgespräch im Plenum unmöglich wäre. Bis auf zwei Gruppenergebnisse ähnelten sich alle sehr. Ein Gruppenergebnis fiel auf, weil es auch Vögel umfasste. Auf Nachfrage des Lehrers war zu erfahren, dass hier ein Schüler zunächst den Uhu genannt hatte und anderen Teamkollegen anschließend Eichelhäher, Specht und sogar Auerhahn eingefallen waren. Der Impuls eines Schülers führte also zu weiteren Assoziationen, und die Gruppe konnte das Klassenergebnis erheblich bereichern.

2 Methoden zum kooperativen Lernen

Am besten funktioniert die Methode, wenn der Lehrer festlegt, wer innerhalb der Gruppe beginnen darf. Die erste Runde reihum erweist sich in der Regel als hilfreich: Jeder kommt in einem überschaubaren Rahmen an die Reihe. Damit umgeht man wieder unnötige Auseinandersetzungen, wer schreiben darf, und erspart Schülern die Frustration, wenn sie nicht im überschaubaren Rahmen ihren Beitrag leisten können. Ebenso wichtig erscheint es, den jeweiligen Beitrag eines Schülers im Umfang einzugrenzen: jeweils nur ein Wort, eine Idee, eine Zahl pro Schreibbeitrag. Ansonsten kann es für Schüler zu lange dauern, bis sie an die Reihe kommen, was zu Unterrichtsstörungen führen kann. Hinzu kommt, dass evtl. ein Schüler mit umfangreichen Antworten seinen Teamkollegen die Chance nimmt, sich zu äußern. Jeder soll das Erfolgserlebnis haben dürfen: Ich bin Teil der Gruppe und habe zum Gelingen beigetragen!

Methoden zum kooperativen Lernen **2**

Runder Tisch mit Schreibstift und Arbeitsblatt

Der *Runde Tisch mit Schreibstift* kann auch durch fertige Arbeitsblätter ergänzt werden. Dabei sollte es sich vorwiegend um Übungsaufgaben handeln. Da das Assoziieren hier allenfalls eine untergeordnete Rolle spielt, sollten hier die Schüler grundsätzlich reihum arbeiten.
Da jedes Gruppenmitglied für einen Aufgabenteil zuständig ist, sind alle Schüler in den Lösungsprozess involviert. Die gemeinsame Lösung verschafft ein hohes Gruppenselbstbewusstsein.

Runder Tisch mit Schreibstift und Arbeitsblatt

Eignet sich für alle Fächer für Übungsaufgaben, die in kleine Teilaufgaben zerlegt werden können.

Ziele:
Die Schüler
- bearbeiten reihum Übungsaufgaben,
- helfen und kontrollieren die Arbeit der Gruppenmitglieder.

Vorgehen:
1. Jede Gruppe erhält ein Arbeitsblatt, jedes Gruppenmitglied wählt einen Stift mit einer anderen Farbe.
2. Reihum schreibt jeder Schüler seinen Namen in seiner Farbe auf das Arbeitsblatt.
3. Ein Schüler beginnt mit der Lösung der ersten (Teil-)Aufgabe. Bevor er etwas schreibt, muss er sagen und begründen, was er schreiben will, und die Gruppe fragen, ob sie einverstanden ist.
4. Reihum lösen die Schüler nun nacheinander die gesamten Aufgaben.
5. Die Schüler überprüfen die Lösungen, indem sie noch einmal reihum die Aufgaben einzeln durchgehen und die Ergebnisse kontrollieren. Dabei sollte ein anderer Schüler beginnen als bei dem ursprünglichen Durchgang.

2 Methoden zum kooperativen Lernen

6. Die gemeinsame Kontrolle kann z.B. im Plenum oder mit einem Lösungsblatt erfolgen.

7. **Fragen zur Reflexion:** „Welche Vorteile siehst du bei der Methode *Runder Tisch mit Schreibstift und Arbeitsblatt?*"

Erfahrungen aus der Praxis:
Bei der Aufgabenstellung muss der Lehrer darauf achten, dass die einzelnen (Teil-) Aufgaben nicht zu umfangreich sind, damit die Schüler nicht zu lange „nur" mit Zuhören und Helfen beschäftigt sind, sondern zügig wieder selbst aktiv werden können.

So könnte eine Übungsstunde im Fach Deutsch zum Thema Zeichensetzung aussehen:
Jede Gruppe erhält ein Arbeitsblatt mit einem Text, in dem alle Satzzeichen fehlen. Der erste Schüler liest den ersten Satz vor, macht einen Vorschlag, wo er ein Satzzeichen setzen würde, und begründet dies. Wenn die anderen Schüler einverstanden sind, darf er sein Satzzeichen in seiner Farbe einfügen. Der nächste Schüler erklärt, wo und warum er ein weiteres Satzzeichen setzen würde usw. So werden von den Schülern einer Gruppe reihum nach und nach alle Satzzeichen im Text eingefügt.
Als Lösungskontrolle kann der Lehrer den Text ohne Satzzeichen auf dem Tageslichtprojektor präsentieren. Pro Satz bittet er nun jeweils einen Schüler pro Gruppe, ein Satzzeichen zu setzen und zu begründen, warum sie es so setzen wollen. Noch einmal werden also die Regeln zur Zeichensetzung wiederholt und eventuell unterschiedliche Lösungen diskutiert. Die Gruppen verbessern gegebenenfalls falsche Lösungen. Wenn die Schüler nun dieses Arbeitsblatt als Hausaufgabe erneut bearbeiten, wiederholen sie die Regeln ein weiteres Mal – diesmal ganz eigenständig.
Durch die Verwendung verschiedenfarbiger Stifte wird der individuelle Beitrag jedes Schülers auch visuell nachweisbar. Die aktive Beteiligung aller bei der Lösung, das mündliche Begründen und nicht zuletzt die wiederholte Übung erst in der Gruppe, dann im Plenum und anschließend alleine zu Hause sind gute Voraussetzungen für nachhaltiges Lernen.

Runder Tisch mit Kartenrätsel

Der Lehrer bereitet Kartensets für die Schüler vor, auf denen Aufgaben, Rätsel o.Ä. notiert sind. Die Herstellung der Kärtchen erfordert Zeit in der Vorbereitung: Sie müssen kopiert und ausgeschnitten, evtl. auch laminiert werden. Jede Vierergruppe erhält dasselbe Set mit jeweils vier verschiedenen Informationen und einem gemeinsamen Arbeitsauftrag. Jeder Schüler zieht eine Karte, bei Dreierteams darf einer zwei Karten ziehen. Reihum liest nun jeder Schüler die Informationen auf seinem Kärtchen der Gruppe laut vor. Die Schüler müssen gut zuhören, denn keiner darf einem anderen sein Kärtchen zeigen oder es sichtbar auf den Tisch legen. Gemeinsam beraten die Schüler, wie sie die Aufgabe lösen möchten. Dabei ist jeder Schüler im Besonderen für die Beachtung der Bedingungen und Informationen auf seinem Kärtchen zuständig. Da jedes Gruppenmitglied für seinen Aufgabenteil zuständig ist, ist jeder in den Lösungsprozess involviert. Das Ziel ist eine gemeinsame Gruppenlösung, die die verschiedenen Informationen und Bedingungen auf den Aufgabenkärtchen erfüllt. Die gemeinsame Lösung verschafft der Gruppe ein hohes Gruppenselbstwertgefühl, jeder ist stolz auf ihre Leistung.

Runder Tisch mit Kartenrätsel

Stark strukturierte Gruppenarbeit, die sich für Übungsaufgaben eignet, bei denen die Lösung der Aufgabe auf die Anzahl der Gruppenmitglieder aufgeteilt werden kann.

Ziele:
Jedes Gruppenmitglied
- übt genaues Zuhören;
- übernimmt Verantwortung für einen bestimmten Teil einer Gesamtaufgabe;
- hilft, eine gemeinsame Aufgabe zu lösen;
- erfährt sich als wichtig, weil ohne seinen Beitrag die Gruppenaufgabe nicht gelöst werden kann.

Methoden zum kooperativen Lernen

Vorgehen:
1. Jede Gruppe erhält ein Kartenset.
2. Jedes Gruppenmitglied zieht eine Karte.
3. Reihum lesen die Schüler die Informationen ihrer Karte vor. Achtung: Die Karten dürfen den anderen Gruppenmitgliedern nicht gezeigt werden!
4. Die Schüler sprechen sich ab, lesen evtl. einige Kärtchen noch einmal vor. Jeder Schüler ist für den Auftrag auf seiner Karte verantwortlich und muss ihn eigenhändig – nach Rücksprache in seiner Gruppe – ausführen. Die Gruppenmitglieder unterstützen und helfen sich gegenseitig.
5. Wenn die Aufgabe gelöst ist, überprüfen die Schüler die Lösung, indem sie noch einmal die Informationen auf ihren Kärtchen reihum vorlesen und prüfen, ob sie mit der gefundenen Lösung übereinstimmen.
6. **Fragen zur Reflexion:** „Wie hast du deine Gruppe beim Lösen der Aufgabe unterstützt?"

Erfahrungen aus der Praxis:
Zu Beginn kann es den Schülern Schwierigkeiten bereiten, die Informationen der anderen Gruppenmitglieder nur durch Hören aufzunehmen und zu verarbeiten. Hier hilft mehrmaliges, langsames Vorlesen auf Wunsch einzelner Gruppenmitglieder. Auf keinen Fall darf eine Karte auf den Tisch zur Einsicht der anderen Gruppenmitglieder gelegt werden: Die Erfahrung hat gezeigt, dass dann oft einzelne Schüler die Lösung der Aufgabe an sich reißen und die übrigen Schüler sich ausklinken. In der Regel bereitet es den Schülern große Freude, an einer Aufgabe gemeinsam zu knobeln und das „Rätsel" zu knacken.

Kartenrätsel-Beispiel: Fach Mathematik (Klasse 4 – 6)

Thema: Eigenschaften von Zahlen, Umgang mit fachspezifischen Ausdrücken (Teilbarkeit, Vielfache, Quersumme, Differenz, Zahl, Ziffer, größer/kleiner, gerade/ungerade)

Material: 1 Kartenset, 1 Hunderter-Tafel, Bohnen o.Ä. zum Markieren einzelner Zahlen auf der Hunderter-Tafel.

Kartenset 1

Wenn du die Quersumme von Tims Zahl bildest, erhältst du eine ungerade Zahl. Hilf deiner Gruppe, Tims Zahl auf der 100er-Tafel zu finden.	Tims Zahl ist ein Vielfaches von 5. Hilf deiner Gruppe, Tims Zahl auf der 100er-Tafel zu finden.
Tims Zahl ist ungerade. Hilf deiner Gruppe, Tims Zahl auf der 100er-Tafel zu finden.	Tims Zahl ist ein Vielfaches von 3. Hilf deiner Gruppe, Tims Zahl auf der 100er-Tafel zu finden.

Kartenset 2

Die Quersumme von Pauls Zahl ist größer als 10. Hilf deiner Gruppe, Pauls Zahl auf der 100er-Tafel zu finden.	Die Differenz zwischen den zwei Ziffern von Pauls Zahl ist größer als 3. Hilf deiner Gruppe, Pauls Zahl auf der 100er-Tafel zu finden.
Pauls Zahl ist ein Vielfaches von 7. Hilf deiner Gruppe, Pauls Zahl auf der 100er-Tafel zu finden.	Die erste Ziffer von Pauls Zahl ist größer als die zweite. Hilf deiner Gruppe, Pauls Zahl auf der 100er-Tafel zu finden.

2 Methoden zum kooperativen Lernen

1 – 2 – 3 – 4 – WIR

Möchte man das Wissen oder Verständnis der Schüler zu einer speziellen Thematik aktivieren oder den Kenntnisstand feststellen, kann die *1 – 2 – 3 – 4 – WIR-Methode* zum Einsatz kommen. Sie eignet sich besonders nach einem Lehrervortrag, der Erklärung eines Sachverhalts oder z.B. nach einem Lehrfilm. Es handelt sich um eine Abfragemethode, die wegen ihres Wettspielcharakters große Beliebtheit bei Schülern erfährt und wegen ihrer Lerneffektivität gerne von Lehrern eingesetzt wird. Die Schüler in einer Gruppe werden von eins bis vier durchnummeriert. Die Teammitglieder arbeiten sehr eng zusammen an der Lösung einer vorgegebenen Aufgabe. Möglichst jeder muss die Lösung gut verstehen und gegebenenfalls wiedergeben können. Die Phase der Beratung in den Gruppen ist geprägt durch echte Kooperation und Teamgeist, auch die schwächeren Schüler einer Gruppe werden bewusst einbezogen, damit sie die Lösung verstehen und die Gruppe im Plenum gut vertreten können. Der Lehrer nennt nach der Bearbeitungszeit in den Gruppen eine Zahl zwischen eins und vier. Der Schüler jeder Gruppe, der diese Zahl zugewiesen bekommen hat, muss sich dann im Wettstreit mit seinen Kollegen aus den anderen Gruppen beweisen. Den Namen 1 – 2 – 3 – 4 – WIR wählten die Schüler, weil er sowohl an das Durchzählen als auch an das stark empfundene Wir-Gefühl erinnert. Im Englischen wird diese Methode „Numbered Heads Together" genannt, und sie wurde 1989 von Spencer Kagan veröffentlicht.

1 – 2 – 3 – 4 – WIR

Eignet sich zur Wiederholung und Festigung von Faktenwissen, Anwendung von Regeln oder Lösungsstrategien und stärkt das Wir-Gefühl der Gruppe.

Ziele:
Die Schüler in einer Gruppe
- beraten gemeinsam über die richtige Lösung/Antwort einer Frage,
- setzen sich aktiv mit Fragen zum Lernstoff auseinander,
- unterstützen die Leistungsschwächeren.

Vorgehen:
1. Den Schülern einer Gruppe werden jeweils die Zahlen von 1 bis 4 zugeordnet.

2. Der Lehrer stellt eine Frage und gibt ein Zeitlimit vor.

3. Die Schüler stecken ihre Köpfe zusammen, um über die Lösung und deren Begründung zu beraten. Ihr Ziel ist, sicherzustellen, dass jeder in der Gruppe die Lösung weiß.

4. **Der Lehrer nennt eine Zahl;** die Schüler mit der entsprechenden Nummer stehen auf oder melden sich. Der Lehrer ruft einen dieser Schüler auf und belohnt eine richtige Antwort (z.B. mit Lob oder Gruppenpunkt). Im Idealfall sollte der Lehrer so viele Fragen wie Gruppen pro Durchgang bereithalten oder bei kurzen Antworten die Schüler simultan abhören.

5. **Fragen zur Reflexion:** „Was hat dir an der *1 – 2 – 3 – 4 – WIR-Methode* besonders Spaß gemacht?"

2 Methoden zum kooperativen Lernen

Erfahrungen aus der Praxis:
Um zu vermeiden, dass die (jüngeren) Schüler eines Teams sich darüber streiten, wer die Nummer 1 sein darf, sollten, der Lehrer das festlegen (z.B. erhalten die Schüler einer Gruppe, die als Nächstes zur Klassenzimmertür sitzen, die Nummer 1 zugewiesen, anschließend geht die Zuordnung der Zahlen im Uhrzeigersinn weiter; Sie lassen Kärtchen ziehen o.Ä.).
Der Lehrer kann die Aufgabe auch auf dem Tageslichtprojektor präsentieren. Gleichzeitig liest er sie laut vor und unterstützt damit die Lernenden visuell und auditiv. Das Ende der Zeit für die Beratung in den Gruppen kann er dann durch Ausschalten des Tageslichtprojektors bestimmen.
Wenn eine Aufgabe nur eine (kurze) Lösung hat, kann der Lehrer die Schüler mit der gleichen Zahl, die er aufgerufen hat, gleichzeitig befragen, indem er

- sie im Chor die Antwort nennen lässt,

- sie gleichzeitig an verschiedenen Stellen an der Tafel die Antwort anschreiben lässt,

- sie gleichzeitig die Antwort auf kleine Folien zur Präsentation auf dem Tageslichtprojektor schreiben lässt,

- sie gleichzeitig auf eine kleine Schiefertafel mit Kreide*

- oder auf ein laminiertes DIN-A4-Blatt mit dicken Folienschreibern die Antwort schreiben lässt, die sie dann gleichzeitig hochhalten müssen,

- nur einen der betreffenden Schüler die Antwort nennen lässt und die anderen bittet, ihre Zustimmung oder Ablehnung zu signalisieren (z.B. mit Handzeichen oder Kärtchen mit entsprechenden Symbolen ☺ ☹ oder Farben).

Das simultane Abrufen der Antworten ermöglicht, dass der Lehrer Aufgaben/Fragen mit nur einer Antwort/Lösung stellen kann.

Wenn die Lösung umfangreicher ist, kann der Lehrer sie in Teilfragen aufgliedern und entsprechend jeden Schüler einzeln befragen. Die Vorbereitung der Fragen ist dabei für den Lehrer etwas umfangreicher. Von Vorteil ist in diesem Fall, dass er die Teilfragen nach Schwierigkeitsgrad differenziert den einzelnen Schülern stellen kann, d.h. leistungsstärkeren Schülern die schwierigeren Fragen, leistungsschwächeren die einfacheren (Beispiele, s. S. 62).

Antworttäfelchen in verschiedenen Ausführungen sind zu beziehen unter www.ell-verlag.de

Methoden zum kooperativen Lernen

Der Wettspielcharakter motiviert die Schüler ungemein. In den meisten Fällen reicht es, einfach nur die Gruppenpunkte zu zählen und am Ende die „Siegergruppe" (meist sind es mehrere) zu nennen. Als zusätzliche „Belohnung" können z.B. Aufgaben der Hausaufgaben erlassen werden.

2 Methoden zum kooperativen Lernen

1 – 2 – 3 – 4 – WIR: Beispiele

Fach	Thema	Beispiel	Mögliche Fragen des Lehrers an die Gruppen
Deutsch	Satzzeichen	Du siehst meinte sie einfach toll aus	Wo müssen wir Satzzeichen setzen? Nenne ein Satzzeichen, das fehlt, und die Stelle, wo es fehlt, jeweils mit Begründung!
	Satzteile	Ihre Hausaufgaben macht Tanja heute bei ihrem Opa.	Nenne das Subjekt!/Wie fragt man nach dem Subjekt?/Nenne das Prädikat!/Objekt ...
	Wortarten	Elefanten fressen gerne grünes Gras.	Zu welcher Wortart gehört „Elefanten"/„fressen"/„gerne" ... Wie kann ich feststellen, dass „Elefant" ein Substantiv/ „fressen" ein Verb ... ist?
	Arbeiten mit Texten	Text vorlesen oder Schüler lesen selbst	inhaltliche Fragen (z.B. „Wer machte ...? Weshalb ...? Wann ...? Wo ...? ...)
Mathematik	Bruchrechnen	$\frac{3}{4} + \frac{1}{2} =$	Wie lautet der gemeinsame Nenner? Wie heißt der erste/zweite Bruch erweitert auf den gemeinsamen Nenner? Wie heißt der Nenner/Zähler der Summe?
	Schaubild quadratischer Gleichungen	$y = -0,5x^2 - 3$	Wo liegt der Scheitelpunkt der Parabel, woran erkennst du das? Ist die Parabel nach unten oder oben geöffnet, und woran erkennst du das? Ist die Parabel enger oder weiter als die Normalparabel, woran erkennst du das? Liegt der Punkt (2/-5) auf der Parabel? → Nachweis: Wie heißt die Gleichung der Parabel, wenn man die gegebene an der x-Achse spiegelt?
	Mathematische Grundaufgaben und Fachbegriffe	Addiere 5 zum Produkt aus 7 und 6.	Was ist ein Produkt? Wie groß ist das Produkt bei dieser Aufgabe? Wie heißen die beiden Faktoren? Wie lautet die Gleichung? Wie heißt die Summe/Lösung?

Tischset (Placemat)

Die *Tischset-Methode* (im englischen „Placemat") unterstützt das typische Vorgehen kooperativer Gruppenarbeit mit Hilfe einer speziellen grafischen Struktur des Gruppenarbeitsblattes. Das vorbereitete Arbeitsblatt bildet das Zentrum des Geschehens: Die Schüler einer Gruppe sitzen um das Blatt herum und beschäftigen sich mit einem vorgegebenen Thema zunächst jeder für sich. Gedanken, Ideen, Meinungen, Lösungsvorschläge halten sie jeweils schriftlich in dem für sie vorgesehenen Feld im Außenbereich des Arbeitsblattes fest. Erst nach dieser Einzelarbeitsphase erfolgt ein Austausch in der Kleingruppe und ein Erstellen und Formulieren des Gruppenergebnisses.

So sollte ein Tischset aussehen:

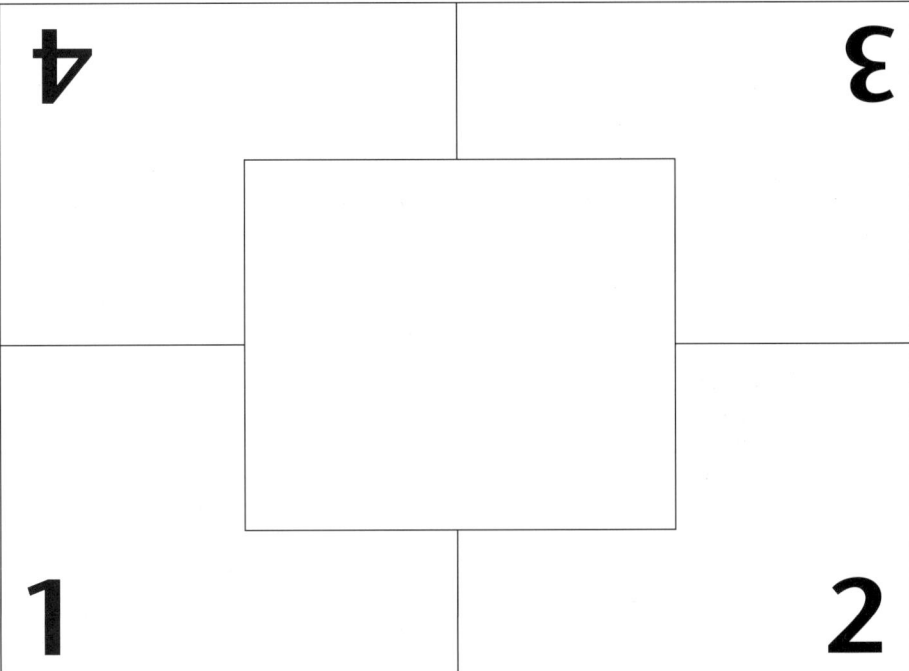

2 Methoden zum kooperativen Lernen

Die *Tischset-Methode* ist überall einsetzbar, wo der Lehrer sich im Unterricht den Austausch der Schüler in Kleingruppen wünscht und besonderen Wert auf die Eigenverantwortlichkeit jedes Gruppenmitgliedes legt: Jeder individuelle Beitrag ist hier auch visuell nachweisbar. Das Tischset als Methode zur Sammlung von Ideen, Meinungen und Erfahrungen zu einem bestimmten Thema bringt eine Fülle von Beiträgen auf eine sehr strukturierte und komprimierte Art. Außerdem unterstützt die Methode nachhaltiges Lernen: Die Schüler müssen aktiv und selbsttätig ihren Weg zu einer Lösung finden. Sich zu Beginn schriftlich Gedanken zu machen, erhöht für viele Schüler die Motivation, sich wirklich mit der Materie auseinanderzusetzen, und für den Lehrer wird der individuelle Beitrag jedes Schülers einer Gruppe überprüfbarer.

Tischset (Placemat)

Eignet sich zum Andocken an ein neues Thema, zum Abrufen von (Vor-)Wissen und (Vor-)Erfahrungen oder Meinungen sowie zum Lösen von Aufgaben in vielen Fächern und allen Klassenstufen.

Ziele:
Die Schüler sammeln Ideen, Meinungen und Erfahrungen zu einem Thema; sie finden gemeinsam den Weg zu einer Lösung.

Vorgehen:
1. Jede Vierergruppe erhält ein Tischsetarbeitsblatt und legt es in die Tischmitte.
2. Der Lehrer gibt eine Frage oder eine Aufgabe vor, die bearbeitet werden soll.
3. **Einzelarbeit:** Jedes Gruppenmitglied überlegt alleine und schreibt seine Antwort oder Lösungsidee in sein Feld im Außenbereich des Arbeitsblattes.
4. **Gruppenarbeit:** Wenn es sich beim Arbeitsauftrag um eine Sammlung von Informationen, Meinungen oder Ideen handelt, ist folgender Austausch in der Vierergruppe zweckmäßig:

- Schüler 1 teilt der Gruppe mit, was er sich zum Thema notiert hat. Alle hören zu. Schüler 2 fasst dann die wesentlichen von Schüler 1 vorgestellten Gedanken mit eigenen Worten zusammen, fragt, ob er mit dieser Zusammenfassung einverstanden ist, und schreibt sie in das Mittelfeld.

- Dann ist Schüler 2 an der Reihe und teilt der Gruppe seine Gedanken mit, die Schüler 3 zusammenfasst und, nachdem er das Einverständnis eingeholt hat, im Mittelfeld notiert usw.

Wenn es sich um einen Arbeitsauftrag handelt, bei dem sich die Gruppenmitglieder auf Ergebnisse oder Antworten einigen sollen, eignen sich folgende zwei Möglichkeiten des Austauschs in der Gruppe:

- Das Arbeitsblatt wird jeweils um 90° gedreht, die Gruppenmitglieder lesen jeweils die Beiträge ihrer Teammitglieder.

- Reihum berichtet jeder, was er notiert hat. Die anderen Gruppenmitglieder hören zu.

- Dann folgen in der Gruppe Rückfragen zu den gelesenen oder gehörten Beiträgen, es können Verständnisprobleme geklärt werden, und die Gruppe einigt sich auf gemeinsame Lösungswege oder Ergebnisse, die in der Blattmitte dargestellt werden.

5. **Plenum:** Die Ergebnisse der Gruppen werden dem Plenum präsentiert: Dies kann
   - mündlich erfolgen,
   - in Plakatform (entsprechend groß sollte dann das Tischset sein),
   - auf dem Tageslichtprojektor (dazu kann man eine kleine Folie in Größe des Mittelfeldes auf das Arbeitsblatt legen, und die Schüler notieren ihre Stichwörter mit Folienstiften auf diese Folie).
   - (Siehe auch Präsentationsmethoden, S. 112–118).

6. **Fragen zur Reflexion:** „Was lief bei der Arbeit in deiner Gruppe gut?", „Was möchtest du das nächste Mal verbessern?"

Erfahrungen aus der Praxis:

Empfehlenswert ist das Tischset

- zum Einstieg in eine neue Themeneinheit (z.B. „Was fällt dir zum Thema … ein?", „Was weißt du bereits zum Thema … und welche Fragen würden dich zu diesem Thema noch interessieren?", „Welche Erfahrungen hast du mit … ?" …),

- zum Sammeln von Ideen (z.B. „Wie können wir die Atmosphäre in unserer Klasse verbessern?", „Was kann die Gemeinde für Kinder/Jugendliche/unsere Neubürger tun?"…),

- zum Abrufen von Vorwissen/Reaktivieren von Alltagswissen (z.B. „Was ist ein Vulkan?", „Wohin kommt unser Müll?"…),

- zum Abschluss einer Unterrichtseinheit („Was fandest du an unserem Thema besonders interessant?", „Was hast du in dieser Unterrichtseinheit Neues gelernt?"…), aber auch

- in Erarbeitungsphasen zur Arbeit mit Texten (die Schüler können selbst Fragen formulieren, die mit Informationen aus dem Text beantwortet werden können) oder zur Lösung von Aufgaben.

Besonders gute Erfahrungen gibt es mit dem Tischset auch bei benoteten Gruppenarbeiten, zum Beispiel im Fach Deutsch zu Texterschließungen oder Mathematik. Als günstig hat sich erwiesen, nach der Ergebnispräsentation der Gruppen den Schülern noch einmal Zeit zu geben, ihr eigenes Gruppenergebnis zu überdenken. Sie können ihre Lösungen in der Gruppe verbessern oder ergänzen. Diese Reflexion kann in die Benotung eingeschlossen werden. Reflexionsfähigkeit stellt eine wichtige Kompetenz dar, die als Ziel in den Bildungsplänen genannt wird. Alternativ können die Schüler im Anschluss an die Präsentation der Gruppenergebnisse auch die Aufgabe noch einmal individuell lösen.
Bei beiden Möglichkeiten erhält der Lehrer in der Regel eine befriedigende Bestätigung, dass sich diese Methode lohnt: Mit sehr wenigen Ausnahmen lösen die Schüler die Aufgabe nun richtig und vollständig, und zwar selbstständig.

Einen Eindruck, wie ein Arbeitsauftrag im Fach Mathematik zur Bearbeitung einer offenen Aufgabenstellung mit Hilfe des Tischsets aussehen müsste, zeigt das folgende Beispiel:

A: Einzelarbeit

1. Lies dir das gesamte Aufgabenblatt gut durch.

2. Unterstreiche Begriffe, die du nicht verstehst. Markiere, was dir an der Aufgabenstellung unklar ist. Hast du weitere Fragen? Notiere deine Fragen an die Gruppe in deinem Feld.

3. Welche Vorschläge hast du, wie man die Aufgabe lösen könnte? Notiere deine Ideen in deinem Feld, löse die Aufgabe aber noch nicht.

B: Gruppenarbeit

1. Reihum berichtet jeder, was er notiert hat. Die anderen hören zu.

2. Beantwortet gemeinsam Verständnisfragen von euren Mitschülern. Einigt euch auf gute Fragestellungen zur Bearbeitung der Aufgabe, und schreibt alle Fragen, die ihr bearbeiten wollt, in das Mittelfeld.

3. Überlegt reihum: Mit welcher Frage solltet ihr beginnen? Welche Lösungsvorschläge hast du? Einigt euch in der Gruppe auf das Vorgehen und den Lösungsweg.

4. Notiert den Lösungsweg gut lesbar und übersichtlich auf der Folie für den Tageslichtprojektor.

Wird das Tischset als Methode zur Erarbeitung von Lösungen angewendet, kann es manchmal zu unangenehmen Erkenntnissen über die realen Voraussetzungen in der Lerngruppe führen: Nicht selten wird der Unterrichtende jeglicher Illusion über das Wissen, Können und Lernpotenzial seiner Schüler beraubt. Schwarz auf Weiß bekommt der Lehrer die Realität vor Augen geführt, wie mühevoll und langsam manchmal der Lernprozess sein kann. So klagte einmal ein Mathematiklehrer darüber, wie schwer sich einige seiner Schüler mit der Aufgabe taten und wie zeitraubend die Diskussion in den Gruppen war, bis sie sich auf einen Lösungsweg geeinigt hatte. Darüber hinaus waren die Gruppenlösungen dann noch nicht einmal alle vollständig und richtig. Ob er da nicht lieber zum lehrerzentrierten, gelenkten Unterrichtsgespräch zurückkehren solle? Er habe für den Stoff dann mehr Zeit, und den Schülern erspare er Misserfolge.

Beim klassischen, so genannten gelenkten Unterrichtsgespräch mit anschließender individueller Übung und Besprechung im Plenum kann der Lehrer die Stunde mit der Gewissheit schließen, dass er den Stoff besprochen hat, jeder Schüler die Möglichkeit hatte, diesen Stoff einzuüben, und dass alle am Ende die richtige Lösung im Heft stehen haben, da das Ergebnis in der Schlussphase an der Tafel präsentiert wurde. Durch diese Instruktionspädagogik soll der Stoff abrufbar vermittelt werden, was aber in der Regel nur für einige Schüler in Form einer Kurzzeitspeicherung bis zum nächsten Test zutrifft. Viele Schüler haben zudem das Thema gar nicht begriffen. Die Neuropsychologie liefert eine Erklärung dafür, warum diese Art des Lernens inneffektiv ist: Lernen ist eine aktive Tätigkeit, passives, unbeteiligtes Hinnehmen führt nicht zu nachhaltigem Aufnehmen, es verändert nicht die Hirnstruktur. Beim fragend-entwickelnden Frontalunterricht beteiligen sich einige Schüler aktiv, sie melden sich und werden vom Lehrer aufgerufen, sie äußern sich, sprechen über das Thema – diese Schüler lernen, allerdings auch nicht so nachhaltig wie bei eigenständigem Arbeiten. Die Mehrheit der Schüler bleibt bei dieser Unterrichtsart passiv, denn 20 Schüler oder noch mehr können sich nicht ständig beteiligen, das würde der zeitliche Rahmen gar nicht zulassen. Die Vorstellung, dass nur ein Schüler stellvertretend die „richtige" Antwort gibt, die übrigen Schüler zwar nicht die Chance haben, sich zu äußern, aber eben geistig alles nachvollziehen, ist trügerisch: Viele schalten unauffällig ab.

Bei der Tischsetmethode wird die Verantwortlichkeit ausschließlich auf die Schüler übertragen – kein „geführtes Unterrichtsgespräch" lenkt die Schüler zu einer bestimmten Lösung. Die aktive Auseinandersetzung zunächst alleine und dann in der Kleingruppe ist anstrengend und manchmal mühsam. Es gilt, Hindernisse zu überwinden, sich einer Lösung mitunter auf Umwegen und zeitaufwändig zu nähern. Die Schüler leisten in diesen beiden Phasen viel, selbst wenn die Lösung nicht vollständig den Erwartungen des Lehrers entspricht. Bei der Besprechung der Ergebnisse findet eine intensive Auseinandersetzung mit der eigenen Lösung statt. Diese kann noch einmal innerhalb der Kleingruppen überarbeitet, ergänzt oder korrigiert werden – hier findet nachhaltiges Lernen statt. Als Verantwortlicher für die Gestaltung von Lernprozessen muss man zur Kenntnis nehmen: Das Lernen für das Langzeitgedächtnis vollzieht sich langsam und muss mit Anstrengung verbunden sein. Insofern ist diese Methode zwar zeitintensiver als andere, führt aber auf Dauer zu besseren Ergebnissen, was auch der Mathematikkollege nach einiger Zeit erkennen konnte.

Spione unterwegs

Spione unterwegs kann Schülern während Einzel- oder Gruppenarbeitsphasen auf die Sprünge helfen: Sie dürfen und sollen bei ihren Mitschülern nach Lösungsmöglichkeiten spionieren. Die Bereitschaft, sich ausspionieren zu lassen, kann jedoch keineswegs vorausgesetzt werden. Schüler sind im Schulalltag gewohnt, im Zweifelsfall gegeneinander zu arbeiten und andere nicht abschauen zu lassen, das könnte ja den eigenen Erfolg schmälern. Bei *Spione unterwegs* wird deshalb ein gemeinsames Klassenziel vorgegeben: Möglichst viele Schüler oder Schülergruppen sollen die Ergebnisse vollständig und richtig haben. Die Folge ist, dass das Gesamtergebnis der Klasse an Qualität gewinnt. Die Schüler erleben bei dieser Methode unmittelbar die Vorteile, die ein Team bringen kann: Jeder profitiert. Der Lehrer wird bei dieser Methode entlastet. Er kann zusehen, wie die Schüler sich ihre Hilfe und Anregungen bei Mitschülern selbst besorgen.

Spione unterwegs

Eignet sich für alle Klassen sowohl bei Einzel- als auch Gruppenarbeiten, wenn die originäre Eigenleistung des einzelnen Schülers eine untergeordnete Rolle spielt.

Ziele:
Die Schüler profitieren von den Ideen oder Lösungen der Klassenkameraden und erfahren die Vorteile des Teams.

Vorgehen:
1. Der Lehrer gibt eine bestimmte Mindestzeit vor, in der jeder Schüler alleine oder in einer Kleingruppe an einer Aufgabe arbeitet.

2. Nach dieser vorgegebenen Zeit dürfen die Schüler aufstehen und bei Mitschülern deren Lösungen ausspionieren. Dabei sollen sie sich möglichst nicht bemerkbar machen, also z.B. nicht reden. Sie gehen im Klassenzimmer herum und sehen die Notizen und Einträge von Mitschülern ein, ohne diese zu kommentieren.

3. Dann gehen sie zurück an ihren Platz oder in ihre Gruppe und verbessern oder vervollständigen ihre Lösungen mit den Anregungen, die sie bei der Spionage mitnehmen konnten. Eventuell können die Schüler mehrere Male ausschwärmen, um sich weitere Anregungen bei ihren Mitschülern zu holen.

2 Methoden zum kooperativen Lernen

4. **Am Ende wird geprüft**, wie viele Schüler oder Schülergruppen erfolgreich waren und die richtige Lösung gefunden haben.

5. **Fragen zur Reflexion:** „Hast du es geschafft, dich nicht bemerkbar zu machen beim Spionieren? Was ist dir dabei schwergefallen?"

Erfahrungen aus der Praxis:
In einer fünften Klasse sollten die Schüler in Mathematik in Partnerarbeit möglichst alle verschiednen Würfelnetze finden und aufzeichnen. Dazu konnten sie Konstruktionsmaterial zur Herstellung von Würfelkantenmodellen benutzen. Das Material ist so beschaffen, dass die Schüler das Kantenmodell des Würfels in die verschiedensten Netze zerlegen können bzw. mit dem Material prüfen können, ob verschiedene Netze tatsächlich zu Würfeln zusammenklappbar sind. Das Klassenziel war, dass möglichst viele Schüler möglichst viele Netze finden.

Die Schüler sollten zunächst einmal mit dem Tischpartner eigenständig möglichst viele verschiedene Netze finden und aufzeichnen. Die Geschwindigkeit, mit der die verschiedenen Schülerpaare eigene verschiedene Netze fanden, variierte sehr. Aber alle waren sehr motiviert bei der Sache. Nach und nach brachen Schüler zur Spionage auf. Um von der Spionage auch wirklich zu profitieren, mussten sie ihre bereits gefundenen Ergebnisse im Kopf haben und möglichst schnell bei den Ergebnissen der Mitschüler neue Netze identifizieren. Diese mussten sie im Kopf behalten, mit ihrem Material überprüfen und dann in ihr Heft übertragen. Die intellektuelle Leistung ist nicht zu unterschätzen, es handelte sich nicht um simples Abschreiben.

Am Ende der Erarbeitungszeit hatten drei Zweiergruppen alle elf und die übrigen Paare eine unterschiedliche Anzahl, aber alle überraschend viele Netze aufgezeichnet. Keine Zweiergruppe war alleine in der Lage gewesen, alle Netze zu finden. Bei der Reflexion äußerten die Schüler zunächst, wie erstaunt sie waren, dass es so viele verschiedene Netze gab. Sie hatten bisher nur eins kennengelernt.

Die Methode wurde von allen positiv bewertet: Die Schüler äußerten große Zufriedenheit mit ihren Ergebnissen. Alle hatten Anregungen von anderen in Anspruch genommen, d.h. durch Spionage neue Netze gefunden.

Belohnungen für die Klasse, wenn eine bestimmte Anzahl richtiger Lösungen gefunden wurde, können die Schüler zusätzlich motivieren.

Aufgaben verschicken

Aufgaben verschicken ist eine Methode zur intensiven Vorbereitung auf einen Test oder eine Klassenarbeit. Jeder Schüler überlegt sich zunächst eine Wiederholungsfrage oder Aufgabe zu einem Thema, wie sie im Test vorkommen könnte.

Die Aufgabe und die zugehörige Antwort sollten eindeutig sein. Diese schreibt er auf ein Karteikärtchen: Auf eine Seite die Aufgabe und auf die Rückseite die zugehörige richtige Antwort. In den Vierergruppen werden die Aufgaben oder Fragen reihum präsentiert und von den Teamkollegen beantwortet. Dann werden die Antworten mit denen auf den Kartenrückseiten verglichen. Fragen und Antworten werden auf Richtigkeit, Verständlichkeit und Vollständigkeit überprüft und gegebenenfalls verbessert. Nun werden die Kärtchen an eine andere Gruppe „verschickt", die sie nun bearbeitet. Die Kärtchen können so oft verschickt werden, bis jede Gruppe alle Kärtchen der anderen Kleingruppen durchgearbeitet hat. Es handelt sich also um eine intensive und umfangreiche Wiederholung zu einem Thema. Für den Lehrer hat diese Methode ebenfalls Vorteile: Erstens muss er sich nicht die Aufgaben zur Wiederholung ausdenken – die Schüler machen die Arbeit und lernen hierbei bereits. Zweitens erhält er Anregungen oder sogar Aufgaben, die er direkt im Test verwenden kann.

Bereits beim Formulieren der Fragen oder Aufgaben müssen die Schüler sich intensiv mit dem Stoff auseinandersetzen. Sie profitieren im Anschluss von der Reichhaltigkeit an Übungs-/Wiederholungsfragen ihrer Klassenkameraden. Eine Binnendifferenzierung findet automatisch statt: Leistungsstärkere Schüler finden schwierigere Aufgaben, jeder formuliert Fragen auf seinem Niveau.

Für diese Methode gilt als Voraussetzung, dass die Schüler selbstständig Wiederholungsfragen oder Aufgaben zu einem bestimmten Thema stellen können. Fragen zu einem Text zu formulieren, muss gegebenenfalls gesondert im Vorhinein eingeübt werden.

Methoden zum kooperativen Lernen

Aufgaben verschicken

Eignet sich zum Vertiefen, Wiederholen, Einprägen, Einüben von Lernstoff – besonders zur Vorbereitung auf eine Klassenarbeit.

Ziele:
Die Schüler
- formulieren selbst Wiederholungsfragen und deren Antworten, beraten gemeinsam über die richtige Lösung/Antwort einer Frage,
- prägen sich Lernstoff mit Hilfe von Wiederholungsfragen ein.

Vorgehen:
1. **Einzelarbeit:** Jeder Schüler einer Gruppe schreibt eine eigene Wiederholungsfrage oder -aufgabe auf eine Karteikarte. Die Seite mit der Frage wird mit „F" versehen, die Seite mit der Antwort mit „A".

2. **Runder Tisch:** Reihum zeigt nun jedes Gruppenmitglied seine Aufgabe den anderen drei Schülern in der Gruppe. Jeder schreibt die Lösung, die er für richtig hält, auf ein Blatt. Anschließend werden die Lösungen mit der auf der Karte verglichen. Die Schüler eines Teams überarbeiten oder verbessern gegebenenfalls ungenaue/unverständliche Fragen oder eine falsche Antwort auf der Karte.

3. **„Verschicken" der Aufgaben:** Wenn alle Karten überprüft wurden, werden sie an eine andere Gruppe zum Lösen geschickt.

4. **Runder Tisch:** Schüler 1 liest die erste Aufgabe/Frage vor. Jedes Gruppenmitglied schreibt die Lösung auf ein eigenes Blatt. Dann vergleichen und besprechen die Schüler die gefundenen Lösungen. Wenn sie sich auf eine Lösung geeinigt haben, überprüfen sie, ob ihre Lösung mit der auf der Rückseite der Karteikarte übereinstimmt. Falls nicht, schreiben sie ihre Lösung als Alternativlösung dazu. Schüler 2 liest die nächste Frage, und es wird wie oben beschrieben weiter verfahren.

5. **„Weiterverschicken":** Entsprechend der Klassengröße können die Karten noch mehrmals weitergeschickt werden.

6. **Fragen zur Reflexion:** „Wie konnte dir die Methode *Aufgaben verschicken* zur Vorbereitung auf den Test helfen?"

Methoden zum kooperativen Lernen

Erfahrungen aus der Praxis:
Damit sich gegebenenfalls die Fragen auf den Kärtchen nicht wiederholen, kann der Lernstoff aufgeteilt werden, sodass jede Gruppe nur zu einem bestimmten Teil des gesamten Stoffs Fragen formuliert.
Auch in Mathematik können Schüler selbst Aufgaben zu einem Thema erfinden: Aufgaben zum kleinen Einmaleins (hier eventuell einzelne Reihen auf verschiedene Gruppen aufteilen), Prozent-Rechenaufgaben, Textaufgaben zu einer selbsterfundenen Rechenaufgabe formulieren (Bsp.: (7 + 34) • (12 – 7)? – „Multipliziere die Summe aus 7 und 34 mit der Differenz aus 12 und 7"), Sachaufgaben zu Rechenaufgaben erfinden usw.

Damit die Kärtchen beim Verschicken mit der Frage nach oben in der neuen Gruppe ankommen, können die Schüler die Ecke der „Frage"-Karte z.B. rechts unten jeweils abschneiden. Auch ein späteres Sortieren wird so erleichtert.
Die Aufgabenkärtchen können zur Übung von den Schülern auch in Freiarbeit oder bei einer Lerntheke weiterverwendet werden.
Zusätzliche Motivation – und die Gewissheit, dass die Schüler die Arbeit ernst nehmen – kann der Lehrer dadurch erzeugen, dass er verspricht, eine gewisse Anzahl angemessener Schülerfragen im Test zu verwenden.

Doppelkreis (Kugellager) im Stehen

Ob als Abwechslung während einer Unterrichtsstunde oder als Ritual, z.B. zum Stundenbeginn, der *Doppelkreis* bringt Bewegung ins Klassenzimmer. Je zwei Schüler stehen sich in einem Innen- und einem Außenkreis gegenüber und unterhalten sich paarweise zu einem bestimmten Thema. Auf ein Signal hin oder nach einer vorgegebenen Zeit drehen sich die Schüler im Kreis gegenläufig zum anderen Kreis und stehen einem neuen Gesprächspartner gegenüber, mit dem sie sich nun austauschen können. Um wirklich Zufallspaare bereits von Anfang an zu erhalten, muss man bereits vor dem ersten Austausch z.B. den Außenkreis um zwei oder drei Plätze rotieren lassen.

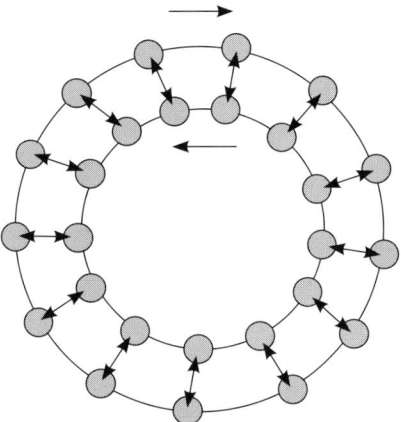

Die Gespräche mit wechselnden Zufallspartnern werden als abwechslungsreich erlebt und führen zu einer Zusammenarbeit mit vielen Klassenkameraden, mit denen die Schüler sonst in der Klasse vielleicht wenig zu tun haben: Der Teamgeist der Klasse wird gestärkt.
Wenn die Paare Meinungen oder Informationen austauschen, bekommen sie durch das mehrmalige Formulieren ihrer Gedanken und das Feedback ihrer Partner die Gelegenheit, die eigenen Gedanken und Meinungen zu überdenken und klarer zu strukturieren.

Diese Methode eignet sich für einen intensiven mündlichen Austausch innerhalb der Lerngruppe mit wechselnden Zufallspartnern, sie ist auch als Lernkarussell, Innen-Außenkreis oder Zwiebel bekannt.

Doppelkreis (Kugellager) im Stehen

Eignet sich zum intensiven mündlichen Austausch von Informationen und Meinungen, zum Üben und Abfragen, z.B. von Vokabeln, kleineren Kopfrechenaufgaben oder kurzen Wiederholungsfragen zu einem Sachthema.

Ziele:
Hohe Aktivierung der Schüler, jeder zweite spricht, der andere hört zu. Die Schüler

- tauschen mit wechselnden Zufallspartnern Informationen oder Meinungen aus,
- fragen einen Zufallspartner vorgegebenen Lernstoff ab (Vokabeln, Kopfrechenaufgaben, Wiederholungsfragen z.B. auf Karteikärtchen),
- üben Lernstoff mit Hilfe des Zufallspartners.

Vorgehen:
1. **Bildung des Doppelkreises:** Die Schüler stellen sich in einem Kreis auf, jeder erhält die Nummer eins oder zwei durch Abzählen reihum; alle „Einer" treten einen Schritt in Richtung Kreismitte und drehen sich zu dem links stehenden „Zweier" um. Die Teilnehmer stehen sich nun einander in zwei Kreisen gegenüber (Innen-/Außenkreis).

2. **Erstes Drehen:** Die Schüler im Außenkreis marschieren von ihnen aus gesehen drei Personen weiter nach links.

3. **Erster Austausch:** Die sich gegenüberstehenden Paare tauschen sich zu einem vorgegebenen Thema aus, die „Einer" beginnen, dann kommen die „Zweier" an die Reihe.

4. **Weiterdrehen:** Nach einer vorgegebenen Zeit gibt der Lehrer ein Signal, und der Innenkreis dreht sich nach links um jeweils drei Personen weiter, sodass sich neue Paare ergeben.

5. **Zweiter Austausch:** Die neuen Paare tauschen sich zum selben Thema oder zu einer neuen, vom Unterrichtenden vorgegebenen Fragestellung aus, diesmal beginnen die „Zweier". Das Drehen kann nun so lange weitergehen, wie der Lehrer es für sinnvoll erachtet.

2 Methoden zum kooperativen Lernen

6. **Fragen zur Reflexion:** „Wie empfandest du die Lautstärke während des Doppelkreises?", „Was könnten wir tun, damit die Lautstärke beim nächsten Mal geringer ist?"

Erfahrungen aus der Praxis:
In den meisten Klassenzimmern fehlt der Platz für einen Doppelkreis, ohne zumindest ein paar Tische und Stühle wegrücken zu müssen. Wenn man jedoch einmal festgelegt hat, welche Tische und Stühle wohin gerückt werden müssen und dies einige Male mit den Schülern einübt, ist das Kugellager schnell organisiert. In manchen Schulen kann man auch mit der Klasse vor dem Klassenzimmer auf dem Gang oder in der Halle einen Doppelkreis bilden: Das bringt zusätzliche Abwechslung. Wer wegen der räumlichen Voraussetzungen auf den Doppelkreis verzichten muss, kann ein Kugellager im Sitzen (s. S. 77) durchführen.
Bei Informations- oder Meinungsaustausch sollte der Unterrichtende zunächst jedem Schüler Zeit geben, sich mit dem Thema zu befassen und eine eigene Stellungnahme vorzubereiten.
Eine knapp bemessene Zeitvorgabe bewirkt, dass die Schüler sich von Anfang an auf ihre Aufgabe konzentrieren.
Als Zeichen zur Beendigung des Partneraustauschs kann ein Signal vom Lehrer vereinbart werden: z.B. Heben der Hand oder ein akustisches Signal. Wenn die Anzahl der Schüler nicht gerade ist, können im Außenkreis statt einer einzelnen Person einmal zwei Schüler gemeinsam stehen und sich mit dem Innenkreispartner zu dritt austauschen. Je nach Länge und Schwierigkeitsgrad der Aufgabenstellung und je nach Lerngruppe, kann erfahrungsgemäß zwischen drei- und zehnmal weitergedreht werden. Damit die Schüler ihre Aufgabe ernst nehmen, sollte der Lehrer auf Einhaltung folgender Regel achten: „Erledige erst die Aufgabe, dann können Privatgespräche geführt werden." Die Schüler können dem Lehrer signalisieren, dass sie ihre Aufgabe erledigt haben, indem sie ein vereinbartes, nonverbales Signal geben, beispielsweise verschränken sie ihre Arme und dürfen sich nun privat unterhalten.

Kugellager im Sitzen an den Tischen

Auch im Sitzen an den Tischen kann die Doppelkreismethode angewandt werden. Das *Kugellager im Sitzen* kann z.B. eine Alternative sein, wenn es zum Stehen nicht genug Platz gibt, man das Klassenzimmer nicht verlassen kann oder nicht umräumen möchte. Auch wenn Hefte, Bücher oder Block zum Austausch verwendet werden oder die Schüler mitschreiben sollen, eignet sich das *Kugellager im Sitzen* besser als das im Stehen. Die Schüler sitzen hierfür frontal in Reihen an ihren Tischen. Diejenigen der ersten und dritten Reihe drehen sich jeweils zu ihren Klassenkameraden in der zweiten und vierten Reihe um. Nun rutschen die Schüler reihenweise um ein paar Plätze in ihrer Reihe weiter und sitzen anderen Mitschülern gegenüber, mit denen sie sich zu einem vorgegebenen Thema austauschen.

	Pult							
„Einer"	1A	1B	1C	1D	1E	1F	1G	1H
	☺	☺	☺	☺	☺	☺	☺	☺
„Zweier"	↕	↕	↕	↕	↕	↕	↕	↕
	☺	☺	☺	☺	☺	☺	☺	☺
	2A	2B	2C	2D	2E	2F	2G	2H

Die „Zweier" wechseln, vom Pult ausgesehen, zwei Plätze nach rechts.
Nach dem ersten Drehen:

	Pult							
„Einer"	1A	1B	1C	1D	1E	1F	1G	1H
	☺	☺	☺	☺	☺	☺	☺	☺
„Zweier"	↕	↕	↕	↕	↕	↕	↕	↕
	☺	☺	☺	☺	☺	☺	☺	☺
	2C	2D	2E	2F	2G	2H	2A	2B

Die „Einer" wechseln, vom Pult ausgesehen, zwei Plätze nach links.
Nach dem zweiten Drehen:

	Pult							
„Einer"	1G	1H	1A	1B	1C	1D	1E	1F
	☺	☺	☺	☺	☺	☺	☺	☺
„Zweier"	↕	↕	↕	↕	↕	↕	↕	↕
	☺	☺	☺	☺	☺	☺	☺	☺
	2C	2D	2E	2F	2G	2H	2A	2B

Kugellager im Sitzen an den Tischen

Eignet sich zum intensiven mündlichen und schriftlichen Austausch von Informationen und Meinungen, zum Üben und Abfragen, z.B. von Vokabeln, kleineren Kopfrechenaufgaben oder kurzen Wiederholungsfragen zu einem Sachthema.

Ziele:
Hohe Aktivierung der Schüler, jeder zweite spricht, der andere hört zu.
Die Schüler
- tauschen mit wechselnden Zufallspartnern Informationen oder Meinungen aus,
- fragen einen Zufallspartner vorgegebenen Lernstoff ab (Vokabeln, Kopfrechenaufgaben, Wiederholungsfragen z.B. auf Karteikärtchen),
- üben Lernstoff mit Hilfe des Zufallspartners.

Vorgehen:
1. **Ausgang:** Alle sitzen in der Ausgangssitzordnung in Reihen frontal zur Tafel. Die Schüler der ersten und dritten Reihe drehen sich jeweils mit ihren Stühlen zu ihren Mitschülern direkt hinter sich um.

2. **Erstes Drehen des Kugellagers:** Der Lehrer gibt die Anweisung: „Die Schüler der zweiten und vierten Reihe rutschen jeweils um zwei Plätze nach links." Die beiden Schüler vom Lehrer aus gesehen am rechten Rand der zweiten und vierten Reihe stehen auf, alle anderen Schüler der beiden Reihen rutschen jeweils um zwei Plätze in ihrer Reihe weiter, von ihnen aus gesehen nach links. Auf die nun frei werdenden Plätze vom Lehrer aus gesehenen am linken Rand nehmen die beiden Schüler vom rechten Rand Platz.

3. **Erster Austausch:** Die sich gegenübersitzenden Paare tauschen sich zu einem vorgegebenen Thema aus, die „Einer" beginnen, dann kommen die „Zweier" an die Reihe.

4. **Weiterdrehen:** Der Lehrer gibt die Anweisung: „Die Schüler der ersten und dritten Reihe rutschen jeweils um zwei Plätze nach links." Diesmal müssen die beiden Schüler vom Lehrer aus gesehen

am linken Rand der ersten und dritten Reihe aufstehen, alle anderen Schüler der beiden Reihen rutschen jeweils um zwei Plätze in ihrer Reihe weiter, von ihnen aus gesehen nach links. Auf die nun frei werdenden Plätze vom Lehrer aus gesehenen am rechten Rand nehmen die beiden Schüler vom linken Rand Platz.

5. **Zweiter Austausch:** Die neuen Paare tauschen sich zum vorgegebenen Thema aus, diesmal dürfen die „Zweier" beginnen.

6. **Weiterdrehen:** Diesmal können wieder die Schüler der zweiten und vierten Reihe weiterrutschen usw.

7. **Fragen zur Reflexion:** „Gib deinem letzten Gesprächspartner ein Feedback: Was hat er beim Austausch/Abfragen gut gemacht, was könnte er beim nächsten Mal besser machen?"

Erfahrungen aus der Praxis:
Lassen Sie die Schüler erst ihre Tische leer räumen, nur das benötigte Material, das mitwandert, soll bereit liegen. Man vermeidet so unnötige Probleme (z.B. dass Schüler in fremden Federmäppchen kramen oder gar Dinge verschwinden).

Eine weitere interessante Variante des Doppelkreises ist der „Kreis der Weisen" (s. S. 89).

Expertenmethode (Jigsaw)

Die *Expertenmethode* – oder auch Gruppenpuzzle – geht auf die Jigsaw-Methode des Amerikaners Elliot Aronson (1978) zurück: Die Schüler arbeiten dabei gruppenweise an unterschiedlichen Themen, in denen sie „Experten" werden, um anschließend ihr erworbenes Wissen im Austausch an ihre Mitschüler weiterzugeben. Es handelt sich um eine anspruchsvolle Methode, und zwar sowohl hinsichtlich der vorauszusetzenden Kompetenzen der Schüler als auch in der Organisation des Unterrichts. Sie kann eine oder mehrere Schulstunden umfassen, je nach Umfang des zu erarbeitenden Stoffes und der Fertigkeiten der Lerngruppe.

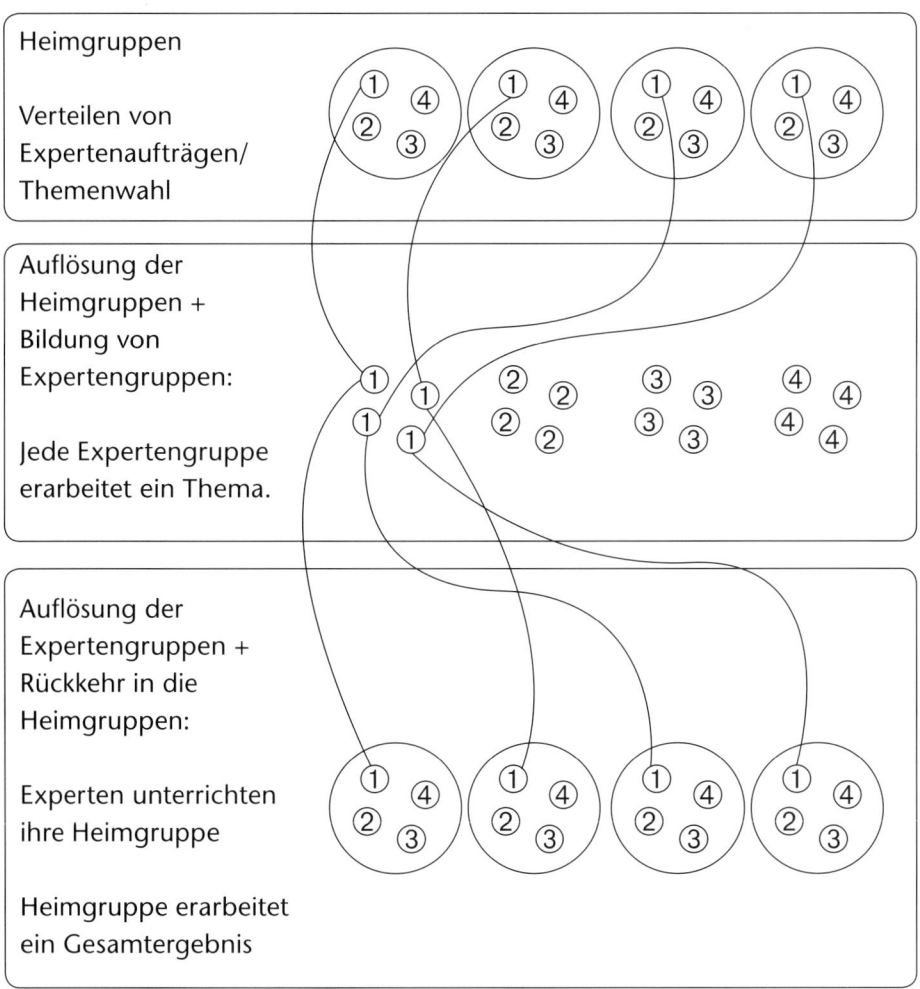

Methoden zum kooperativen Lernen

Das Maß an Eigenverantwortlichkeit jedes Einzelnen sowie die positive Abhängigkeit in der (Heim-)Gruppe ist bei dieser Methode sehr hoch, jeder trägt mit seinem individuellen Beitrag zur Qualität des Gruppenergebnisses entscheidend bei. Falls ein Test zu dem erarbeiteten Thema geschrieben werden soll, wird die Abhängigkeit der Teamkollegen von der Qualität der einzelnen Beiträge noch folgenschwerer. Dies ist auch Sinn und Zweck der Methode: Jeder sollte sich seiner Verantwortung für die Gruppe bewusst sein und sich entsprechend engagieren. Aus demselben Grund wird das jeweilige Informationsmaterial bei der klassischen Expertenmethode auch nur den jeweiligen Experten zur Verfügung gestellt.

Expertenmethode (Jigsaw)

Eignet sich zur Erarbeitung verschiedener Teile, Sichtweisen, Aspekte oder Lösungswege zu einem Thema, zur Erarbeitung neuen Lernstoffs, Vorbereitung auf Klassenarbeiten, für die Arbeit mit älteren Schülern und mit erfahrenen Klassen, die über ein gewisses Repertoire an Methoden- und Sozialkompetenz verfügen.

Ziele:
Die Schüler sollen
- sich eigenverantwortlich und mit Unterstützung von Klassenkameraden mit vorgegebenen Materialien und Texten zu einem Thema intensiv auseinandersetzen,
- sich zu Experten zu vorgegebenen Themen machen,
- ihr neu erworbenes Expertenwissen Mitschülern weitervermitteln,
- aus unterschiedlichen Teilergebnissen ein Gruppenergebnis in der Gruppe erstellen,
- das Gruppenergebnis präsentieren.

Vorgehen:
1. Zu einem Thema wird Material in mehrere Teilbereiche unterteilt, die jeweils von verschiedenen Schülern bearbeitet werden sollen.

2. **Heimgruppenbildung:** Jede Heimgruppe muss so viele Mitglieder umfassen, wie es Teilbereiche gibt. Die Heimgruppenbildung kann zufällig erfolgen (Durchzählen, Kartenziehen u.Ä.) oder bereits durch die Sitzordnung festgelegt sein (s. S. 15). In den Heimgruppen wird nun festgelegt, welcher Schüler für welches Thema verantwortlich sein soll: entweder durch freie Wahl innerhalb der Gruppe, durch Zufallsentscheid (Durchzählen, Karten ziehen) oder der Lehrer entscheidet.

3. **Expertengruppenbildung:** Die Heimgruppen lösen sich vorübergehend auf; die Gruppenmitglieder treffen sich mit den Schülern, die dasselbe Fachthema gewählt haben (Expertengruppen). Jede Expertengruppe arbeitet an einem anderen Themenbereich, in dem die Teilnehmer Fachleute werden. Meist beginnen die Gruppen mit Einzelarbeit: Text lesen/Informationen verarbeiten. Dann folgt der Austausch mit anderen Mitgliedern der Expertengruppe über die Inhalte, und ein Spickzettel für den Kurzvortrag wird vorbereitet.

4. Die Experten gehen zurück in ihre Heimgruppen und geben reihum ihre Informationen an ihre Mitglieder weiter: Der Experte hält seinen Kurzvortrag und beantwortet Fragen, die übrigen Mitglieder hören zu und stellen Fragen. Eventuell einigt sich die Gruppe auf ein gemeinsames Ergebnis, das die verschiedenen Teilaspekte berücksichtigt.

5. **Visualisieren des Gruppenarbeitsergebnisses:** z.B. Plakat gestalten; Grundinformationen übersichtlich und einprägsam veranschaulichen (Symbole, Zeichen, Zeichnungen, Farben, Text ...)

6. Präsentation der GA-Ergebnisse z.B. *Markt der Möglichkeiten* s. S. 114).

7. **Fragen zur Reflexion:**
   - In ungeübten Gruppen kann eine Reflexion der Arbeit in der Gruppe oder über den Beitrag jedes Einzelnen innerhalb der Heimgruppe sinnvoll erscheinen: z.B. jedes Heimgruppenmitglied äußert sich reihum zu folgenden Fragen und kommentiert den Beitrag seiner Teamkollegen: „Wie stark hast du dich bemüht, dir Expertenwissen anzueignen und es anschließend in

Methoden zum kooperativen Lernen

deiner Heimgruppe einzubringen?", „Was könntest du nächstes Mal besser machen?"

> Bei geübten Gruppen kann eine Reflexion des eigenen Gruppenergebnisses im Vergleich zu den anderen erfolgen: „Was haben wir Ähnliches erarbeitet wie andere Gruppen? Was haben wir Besonderes herausgearbeitet? Was sollten wir ergänzen?"

Erfahrungen aus der Praxis:
Interessante Themen zur Bearbeitung mit Hilfe der Expertenmethode sind solche, in denen unterschiedliche Sichtweisen der verschiedenen betroffenen Gruppen erarbeitet werden sollen. Beispielthemen: Massentierhaltung (Perspektive der Tiere, der Produzenten, des preisbewussten und des ökologisch orientierten Verbrauchers); Rauchen in öffentlichen Lokalen (Wirt einer Raucher-/Nichtraucherkneipe, Raucher, Nichtraucher, Arzt); Gewaltcomputerspiele (jugendliche Spieler, Eltern, Lehrer, Wissenschaftler) usw.
Gute Erfahrungen wurden mit der Expertenmethode auch bei der Vorbereitung auf Projektpräsentationen gemacht: Es gab Experten für die Gestaltung eines Posters, für die verbalen und nonverbalen Aspekte eines guten Vortrags, den Aufbau etc.

Expertenmethode mit Doppelgänger

Diese Variante zur klassischen *Expertenmethode* ist dann hilfreich, wenn sich in der Lerngruppe einzelne Schüler befinden, die mit der selbstständigen Bewältigung ihrer Expertenaufgabe überfordert wären. Ihnen wird jeweils ein Mitschüler zugeordnet, der besondere Hilfen geben kann beim Verstehen, Bearbeiten und bei der Wiedergabe der Informationen. Somit erhalten Schüler mit besonderen Problemen konkrete und gezielte Unterstützung und Förderung. Die Mitschüler der Heimgruppe werden nicht benachteiligt, wenn ihnen auf Grund des Unvermögens einzelner Teamkollegen wichtige Informationen vorenthalten würden, die vielleicht auch in einer Leistungskontrolle relevant sein könnten: Das Gruppenergebnis leidet nicht.

Expertenmethode mit Doppelgänger

Eignet sich als Ergänzung zur klassischen Expertenmethode für Lerngruppen mit einzelnen schwächeren Schülern, die nicht selbstständig mit Informationen umgehen und diese nicht wiedergeben können.

Ziele:
(Ziele der Expertenmethode, s. S. 81)
- Unterstützung einzelner schwächerer Schüler während der Durchführung der Expertenmethode durch Mitschüler;
- Ausgleich eventueller Benachteiligungen von Heimgruppen mit einzelnen schwächeren Schülern.

Vorgehen:
Im Folgenden wird nur der Zusatz zur klassischen Expertenmethode beschrieben:
1. **In der Heimgruppe:** Einzelnen Schülern, bei denen bei der Bearbeitung des bereitgestellten Materials Probleme zu erwarten sind, wird ein geeigneter Mitschüler zur Unterstützung an die Seite gestellt: Eine Expertenrolle innerhalb der Heimgruppe wird so doppelt besetzt.
2. **Expertengruppen mit Doppelgänger:** Innerhalb der Expertengruppen wird selbstständig an einem gemeinsamen Thema gearbeitet. Die Doppelgänger-Schüler – der schwächere Schüler B mit seinem Unterstützer A – arbeiten eng zusammen:

Schüler A (Unterstützer)	Schüler B
fordert seinen Mitschüler auf, die Texte zu lesen (laut oder leise)	liest die Texte, fragt nach Unbekanntem oder Unverstandenem
erklärt Unbekanntes oder Unverstandenes	fasst wichtige Informationen zusammen (unterstreicht Schlüsselwörter, findet Überschriften für einzelne Abschnitte, fasst in Stichwörtern zusammen etc.); bearbeitet gestellte Aufgaben
gibt Impulse, ergänzt, verbessert	vergleicht seine Ergebnisse mit anderen Experten seiner Expertengruppe, verbessert, ergänzt seine Ergebnisse
hilft bei der Erstellung des Spickzettels	erstellt einen Spickzettel zur Präsentation in der Heimgruppe, vergleicht seinen mit dem anderer Experten, ergänzt und verbessert ihn

3. Zurück in den Heimgruppen, berichtet Schüler B seine Ergebnisse, wenn er an der Reihe ist. Sein „Doppelgänger" ergänzt oder verbessert gegebenenfalls. Er stellt sicher, dass die Heimgruppe die vollständigen und richtigen Informationen des Teilaspekts, den Schüler B bearbeitet hat, erhält; aber erst, nachdem Schüler B so gut er konnte seinen Auftrag erledigt hat. Während die übrigen Teamkollegen in der Heimgruppe ihr Expertenwissen preisgeben, arbeiten die beiden Doppelgänger-Schüler wieder unabhängig und eigenverantwortlich. So wird sichergestellt, dass sich auch der unterstützende Schüler A alle Informationen aneignen kann. Jetzt sind alle Teammitglieder gefragt, auf Fragen und eventuelle Verständnisprobleme des Schülers B einzugehen. Auch bei der Erstellung eines Gruppenergebnisses arbeiten alle Schüler in der Heimgruppe gleichberechtigt zusammen.

4. **Fragen zur Reflexion:** Die Reflexion kann wie bei der klassischen Expertenmethode auf den Erarbeitungsprozess oder das Ergebnis zielen (s. S. 82).

2 Methoden zum kooperativen Lernen

Erfahrungen aus der Praxis:
Gibt es eine ganze Gruppe von Schülern, die in ihrem Leistungsniveau stark unter dem der gesamten Klasse liegen und nicht in der Lage sind, selbstständig mit dem bereitstehenden Material zu arbeiten, kann der Lehrer sie auch in einer Expertengruppe zusammenfassen und dort gezielt unterstützen. Dies kann geschehen durch eine Reduktion der Aufgabenstellung, die Bearbeitung weniger anspruchsvoller Aspekte zum Thema, die Bereitstellung spezieller einfacherer Lernmaterialien oder durch zusätzliche Hilfen, wie Worterklärungen, anschauliche Bilder etc. Und natürlich kann sich der Lehrer ganz besonders dieser Gruppe widmen.

Folgendes Unterrichtsbeispiel beschreibt die gelungene Anwendung der Expertenmethode mit Doppelgänger:
In einer Schulklasse sollte das Thema „Eichhörnchen" durchgenommen werden. Die Klasse arbeitete bereits häufig in Gruppen und eigenständig, sodass der Lehrer plante, dass das Thema von den Schülern selbstständig in Gruppen erarbeitet wird. Es gab fünf Vierergruppen und eine Dreiergruppe. Der Lehrer unterteilte das Thema entsprechend der Anzahl der Gruppenmitglieder in vier Teilbereiche („Aussehen/Merkmale", „Verbreitung/Lebensraum", „Nahrung/Verhalten im Winter" und „Fortpflanzung"). Die Gruppenmitglieder hatten jeweils eine Nummer. Der Lehrer bestimmte, dass die Einer das erste Unterthema „Aussehen/Merkmale" des Eichhörnchens, die Zweier „Verbreitung", die Dreier „Nahrung" und die Vierer „Fortpflanzung" bearbeiten sollten.

Da es in der Klasse ein paar Kinder mit sprachlichen Defiziten gab, beschloss er, die Dreiergruppe aufzulösen und die Teilnehmer zur Unterstützung anderer Schüler jeweils einer Vierergruppe zuzuordnen. So erhielten zwei Kinder mit Migrationshintergrund und ein muttersprachlich deutsches, die alle erhebliche Probleme beim Lesen und Verstehen von Texten sowie in der sprachlichen Ausdrucksfähigkeit hatten, konkrete Hilfe, um ihren Teil innerhalb der Gruppenarbeit bewältigen zu können. Schließlich hängt die Qualität des Gruppenergebnisses unmittelbar von der Qualität der einzelnen Beiträge der Teamkollegen ab. Alle Schüler mit der Nummer Eins trafen sich in einer Ecke des Klassenzimmers, die Zweier, Dreier und Vierer in einem anderen Teil des Raums, wo der Lehrer jeweils verschiedenes Material für die speziellen Themen bereitgelegt hatte. In diesen vier Expertengruppen arbeiteten nun jeweils fünf oder sechs Schüler am selben Thema. Zuerst sichteten sie das ausliegende Material: Bilder, Texte, Bücher; Gruppe 1 hatte sogar ein ausgestopftes Eichhörnchen zur Ansicht. Die Schüler verteilten das zu lesende

Material und lasen alleine die vorliegenden Texte. Auf den Kopien unterstrichen sie einzelne Begriffe und schrieben wichtige Informationen auf ihren Block. Auf einzelnen Arbeitsblättern konnte man auch Fragezeichen am Rand erkennen. Es folgte eine Austauschphase, in der die Schüler zunächst Fragen und Unverstandenes besprachen. Dann überlegten sie, welche Informationen sie so wichtig fanden, dass sie sie ihren Teamkollegen in den Heimgruppen mitteilen sollten. Auffällig erschien, dass die Schüler sich zunächst reihum äußerten und einander sehr diszipliniert ausreden ließen. Auch zurückhaltende Schüler wurden gezielt danach gefragt, was sie nicht verstanden hatten und welche Informationen sie wichtig fanden. Spätestens hier wurde deutlich, dass die Schüler in ihrem bisherigen Unterricht sehr intensiv auf eigenverantwortliches und kollegiales Arbeiten im Team vorbereitet worden waren. Die Schüler erarbeiteten kleine Berichte, es entstanden auch Zeichnungen mit Erklärungen. Ausgerüstet mit diesen selbsterstellten Unterlagen, kehrten die Experten in ihre Heimgruppen zurück und präsentierten die Ergebnisse ihren Teamkollegen. Nun entstanden Gruppenposter und Gruppenberichte, es wurden Bilder gemalt, eine Gruppe erstellte eine Mindmap zum Thema Eichhörnchen. Der Lehrer musste nur sehr vereinzelt Gruppen inhaltlich unterstützen und ab und zu Schüler ermahnen, am Thema zu arbeiten und die Zeit nicht zu vergeuden.

Die Expertenmethode in dieser Klasse war beeindruckend erfolgreich, da der Lehrer die organisatorischen Voraussetzungen geschaffen hatte und vor allem, weil die Mehrheit der Schüler über ein enormes Maß an Methoden- und Sozialkompetenz verfügte.

Sie waren in der Lage,

- mit Hilfe von Mitschülern selbstständig Texte sinnerfassend zu lesen,
- auf Fragen und Probleme von Mitschülern einzugehen,
- wichtige Informationen den Materialien zu entnehmen und sie stichwortartig festzuhalten,
- die Informationen Mitschülern, die die Unterlagen nicht kannten, weiterzugeben und zu erklären,
- Plakate zu gestalten – sie kannten Mindmaps und konnten ihre Ergebnisse erklären.

Und sie konnten alles zuvor Genannte selbstständig und diszipliniert in verschiedenen Gruppenkonstellationen bewältigen.

Expertenmethode mit doppeltem Boden – alles Material für jeden

Im Gegensatz zur *klassischen Expertenmethode* wird bei dieser Variante jedem Schüler am Ende der Einheit das komplette Informationsmaterial zur Verfügung gestellt. Die Schüler erhalten somit die Möglichkeit, gegebenenfalls einzelne Expertenbeiträge noch einmal in der Gruppe zu sichten und aufzubereiten, wenn der entsprechende Experte seinen Gruppeninput nicht befriedigend erledigt hat. Es ist also eine Absicherung für jeden Schüler, zu vollständigen Informationen zu kommen, sozusagen ein „doppelter Boden". Alle Schüler verfügen in der Austauschphase in den Heimgruppen oder im Anschluss über alle Materialien.

Expertenmethode mit doppeltem Boden – alles Material für jeden

Eignet sich, wenn man die gegenseitige Abhängigkeit der Lernenden verringern und jedem Schüler die Inhalte anderer Gruppenmitglieder zur Verfügung stellen möchte.

Ziele:
(Ziele der Expertenmethode s. S. 81)
Kompensierung von Defiziten, wenn einzelne Schüler in den Heimgruppen ihre Arbeit nicht befriedigend erledigen.

Vorgehen:
Hier wird nur der Zusatz zur klassischen Expertenmethode beschrieben:

1. Die Experten gehen zurück in ihre Heimgruppen und geben reihum ihre Informationen an die Gruppenmitglieder weiter. Die Schüler erhalten zusätzlich alles Informationsmaterial, das ihre Mitschüler in ihren Expertengruppen bearbeitet haben. Wenn Schüler der Heimgruppe die Notwendigkeit sehen, die Ergebnisse eines Experten ihrer Gruppe zu überprüfen oder zu vervollständigen, können sie dies anhand der Materialien tun. Anschließend wird fortgefahren wie in der klassischen Expertenmethode.

2. **Fragen zur Reflexion:** Die Reflexion kann wie bei der klassischen Expertenmethode auf den Erarbeitungsprozess oder das Ergebnis zielen (s. S. 81).

Kreis der Weisen

Der *Kreis der Weisen* ist eine arbeitsteilige Partnerarbeitsmethode, bei der zwei verschiedene Themen von verschiedenen Schülern zu erarbeiten sind. Der Austausch über die Ergebnisse erfolgt dann jeweils paarweise in einem Doppelkreis. Gegenüber der klassischen Expertenmethode findet also eine Reduktion der Anforderungen in zweierlei Hinsicht statt: Erstens gibt es nur zwei verschiedene Themen, und damit nur zwei verschiedenen Expertenteams, und zweitens gibt es keine Gruppen-, sondern nur Partnerarbeit. Der „Kreis der Weisen" ist eine Methode, Schüler auf dem Weg zum Erwerb von Kompetenzen, die sie zum selbstständigen Arbeiten benötigen und die nicht einfach vorausgesetzt werden können, zu unterstützen.

Je die Hälfte der Klasse arbeitet zunächst alleine an einem gemeinsamen Thema und dann im Austausch mit wechselnden Partnern. Anschließend erfolgt die Vermittlung des neu erworbenen Wissens im *Kreis der Weisen*, d.h. im Doppelkreis. Die Schülerexperten erklären sich paarweise gegenseitig die Inhalte ihres Themas. In dieser Vermittlungsphase ist zusätzlich eine Kontrollschleife eingebaut: Nachdem ein Schüler sein Expertenwissen einem Mitschüler der anderen Gruppe mitgeteilt hat, muss der zuletzt genannte den für ihn neuen Stoff, so wie er ihn von seinem Mitschüler verstanden hat, einem anderen Partner wieder erklären, und zwar einem, der bereits Experte für dieses Thema ist. Der Experte kann dann die Erläuterungen vervollständigen oder, wenn nötig, korrigieren. Bei dieser Rückmeldung können die Schüler erfahre,

- wie gut sie zugehört haben,

- wie viel sie verstanden haben,

- wie die Qualität der vorherigen Darstellung des Mitschülers war (vollständig und richtig oder eher unzulänglich).

In jedem Fall erhält der Schüler in dieser Runde eine zweite Chance, die richtigen und vollständigen Informationen zu erhalten und/oder sie auch zu verstehen.

2 Methoden zum kooperativen Lernen

Kreis der Weisen

Eignet sich als Vorstufe zur klassischen Expertenmethode, bei Themen, die in zwei Unterbereiche aufgeteilt werden können, z.B. zur Erarbeitung zweier verschiedener Teile, Sichtweisen, Aspekte oder Lösungswege zu einem Thema, zur aktiven Erarbeitung neuen Lernstoffs, Vorbereitung auf Klassenarbeiten, auch für jüngere Schüler und/oder Klassen, die noch nicht ganz eigenverantwortlich in Gruppen arbeiten können.

Ziele:
Die Schüler
- verarbeiten bestimmte Informationen aktiv und eigenverantwortlich alleine und im Austausch mit verschiedenen Partnern,
- bilden sich zu Experten zu einem vorgegebenen Thema aus,
- vermitteln ihr neu erworbenes Expertenwissen Mitschülern weiter,
- hören ihren Mitschülern gut zu,
- geben neue, durch ihre Mitschüler vermittelte Informationen wieder,
- ergänzen oder korrigieren Beiträge von Mitschülern.

Vorgehen:
1. Zu einem Thema wird Material in zwei verschiedene Teilbereiche A und B unterteilt. Die Klasse wird entsprechend in zwei Gruppen A und B eingeteilt.

2. **Einzelarbeit:** Schüler der Gruppe A erarbeiten Themenaspekt A, Schüler der Gruppe B erarbeiten Themenaspekt B zunächst alleine (Spickzettel erstellen).

3. **Partnerarbeit I innerhalb der gleichen Themengruppe:**
Innerhalb der Gruppe A suchen sich die Schüler einen Partner. Sie vergleichen ihre Notizen, Mindmaps oder Antworten auf vorgegebene Fragen. Sie ergänzen und verbessern ihre Aufzeichnungen. Dann überlegen sie sich, wie man die Ergebnisse am besten einem Mitschüler, der das Thema nicht bearbeitet hat, vermitteln könnte. Dasselbe passiert parallel innerhalb der Gruppe B.

4. **Partnerarbeit II innerhalb der gleichen Themengruppe:**
   Die Schüler der Gruppe A suchen sich einen neuen Partner innerhalb ihrer Gruppe. Sie stellen sich gegenseitig vor, was sie bisher vorbereitet haben, um zum Thema A Mitschüler der Gruppe B zu unterrichten. Dabei überprüfen sie ihre Vorbereitungen, verbessern und ergänzen sie und üben die Präsentation. Wieder passiert dasselbe parallel innerhalb der Gruppe B.
   (Bei Bedarf kann ein weiterer Partnerwechsel mit Austausch und Kontrolle erfolgen oder zwei Expertenpaare zum selben Thema treffen sich zu viert zum Austausch.)

5. **Austausch im Doppelkreis (s. S. 74):** Im Außenkreis stehen Schüler, die Thema A bearbeitet haben, im Innenkreis die, die nun Experten zu Thema B sind.
   Erster Austausch: Die Schüler des Außenkreises berichten jenen des Innenkreises zum Thema A. Weiterdrehen. (Schüler des Innenkreises gehen drei Personen weiter nach links.)

   Zweiter Austausch: Schüler des Innenkreises geben Thema A so wieder, wie sie es in der Runde zuvor verstanden haben. Die Außenkreisschüler, hören aufmerksam zu und verbessern oder ergänzen, falls notwendig. Weiterdrehen.

   Ein **dritter und vierter Austausch** findet zum Thema B statt.

6. **Fragen zur Reflexion:** „Was hat dir am Austausch mit verschiedenen Partnern im Kreis der Weisen besonders gut gefallen? Was war für dich schwierig?"

Erfahrungen aus der Praxis:
Besonders in Gruppen, die wenig Erfahrung mit Gruppenarbeit besitzen, haben die Ergebnisse meist deutlich höhere Qualität als die in klassischen (Experten-)Gruppen erzielten. Ein Untertauchen in den mitunter recht großen Expertengruppen ist nicht möglich.

Abwandlung: Wenn die Themen umfangreicher sind, empfiehlt es sich, beim Austausch auf ein *Kugellager im Sitzen* zurückzugreifen, damit die Schüler sich zwischendurch Notizen machen können (s. S. 77).

Methoden zum kooperativen Lernen

Arbeitsteilige Gruppenarbeit in Kleingruppen (Heimexpertenmethode)

Bei dieser Variante zur *klassischen Expertenmethode* arbeitet jeder Schüler innerhalb einer Vierergruppe alleine und selbstständig an einem Bereich oder Aspekt eines Themas. Der Austausch und die Vermittlung des neu erarbeiteten Stoffs erfolgt dann ohne vorherigen Austausch direkt in der Vierergruppe. Diese Form der *Expertenmethode* bedeutet einen geringeren organisatorischen Aufwand und eine hohe Beteiligung jedes Einzelnen.

Voraussetzung: Jedes Teammitglied kann seinen Teilauftrag selbstständig lösen, da es keine Unterstützung von Experten-Teamkollegen bei der Bewältigung der Aufgabe gibt. Deshalb sollten die Einzelaufträge nicht zu anspruchsvoll sein. Diese Methode eignet sich so insbesondere bei kleineren Aufträgen, z.B. für Texterschließungen.

Jeder Schüler bereitet einen Abschnitt vor. Er liest ihn zunächst leise, schlägt gegebenenfalls die Bedeutung unbekannter Wörter oder im Fremdsprachenunterricht auch ihre Aussprache nach, überlegt eine Überschrift für den Abschnitt, fasst ihn mit eigenen Worten zusammen oder überlegt sich Fragen, die mit den Informationen seines Abschnitts beantwortet werden können. Dann präsentieren die Schüler reihum ihren Textabschnitt: Sie lesen ihn laut vor, erklären Wörter, die ihre Teamkollegen nicht kennen, fassen den Text mit eigenen Worten zusammen oder stellen eventuell Fragen zum Verständnis. Jede Kurzpräsentation kann mit einer Rückmeldung der Teamkollegen dazu schließen, wie verständlich der Teil erklärt wurde.

Arbeitsteilige Gruppenarbeit in Kleingruppen oder Heimexpertenmethode

Eignet sich als Vorstufe zur klassischen Expertenmethode, bei Themen, die in vier Unterthemen aufgeteilt werden können, z.B. zur Erarbeitung von vier verschiedenen Teilen, Sichtweisen, Aspekten oder Lösungswegen zu einem Thema, bei Expertenaufträgen, die von allen Schülern alleine erfüllt werden können, zur aktiven Erarbeitung neuen Lernstoffs oder zur Vorbereitung auf Klassenarbeiten.

Methoden zum kooperativen Lernen

Ziele:
Die Schüler
- verarbeiten alleine bestimmte Informationen aktiv und eigenverantwortlich,
- bilden sich alleine zu Experten zu einem vorgegebenen Thema aus,
- vermitteln ihr neu erworbenes Expertenwissen Mitschülern in ihrer Gruppe weiter,
- lernen von ihren Teamkollegen weitere Aspekte oder Teile zum Thema kennen.

Vorgehen:
1. Zu einem Thema wird Material in vier verschiedene Bereiche unterteilt, die jeweils von einem Schüler einer Viererguppe bearbeitet werden sollen. Die Klasse wird entsprechend in Viererguppen eingeteilt.

2. **Einzelarbeit:** Jeder Schüler einer Gruppe erarbeitet eigenverantwortlich einen anderen Teilbereich und macht sich zum Experten für diesen Bereich.

3. **Gruppenarbeit:** Die Experten berichten reihum in ihrer Gruppe (Heimgruppe), was sie erarbeitet haben. Die zuhörenden Schüler können jeweils Rückmeldung geben, was sie verstanden haben oder wie der Mitschüler seine Darstellung verbessern könnte.

4. **Je nach Fach, Thema und Ziel kann sich noch eine Ergebnisphase anschließen:** Die Gruppenmitglieder können sich z.B. auf ein Gesamtergebnis einigen, alle Teile zusammenfassen oder die Ergebnisse visualisieren und präsentieren.

5. **Fragen zur Reflexion:** Die Reflexion kann wie bei der klassischen Expertenmethode auf den Erarbeitungsprozess oder das Ergebnis zielen (s. S. 82).

Erfahrungen aus der Praxis:
Es ist empfehlenswert, allen Schülern das vollständige Material zur Verfügung zu stellen, damit sie gegebenenfalls selbstständig noch einmal nachlesen und die Richtigkeit des Vorgestellten überprüfen können.

Methoden zum kooperativen Lernen

Expertenmethode mit Beratern

Bei dieser Form der *Expertenmethode* handelt es sich wieder um eine arbeitsteilige Gruppenarbeit, bei der die Schüler sich unterschiedliches Expertenwissen aneignen, um es später in einer Gruppe den anderen Schülern zu präsentieren. Allerdings werden die Expertengruppen noch einmal in kleinere Gruppen aufgeteilt, unter denen dann wiederum ein Austausch erfolgt, und zwar durch das gegenseitige Herumschicken von Beratern. Diese Variante der Expertenmethode ist eine Antwort auf das Problem der mitunter recht großen Expertengruppen: Bei vier Themenbereichen und 24 Schülern sind es bereits sechs Schüler pro Expertengruppe, bei 28 Schülern schon sieben. Damit ist die Gruppengröße zu groß, um sinnvoll zusammenzuarbeiten. Die Störungsanfälligkeit ist teilweise nicht unerheblich. Die Beteiligung Einzelner kann leiden, und damit werden auch die Mitschüler in den Stammgruppen benachteiligt, wenn einzelne Themenbereiche unzureichend von dem entsprechenden Teammitglied erarbeitet wurden.

Expertenmethode mit Beratern

Eignet sich als Ergänzung zur klassischen Expertenmethode bei größeren Klassen, wenn man speziellen Fokus auf eine sinnvolle Zusammenarbeit in den Expertengruppen legt, zur Erarbeitung verschiedener Teile, Sichtweisen, Aspekte oder Lösungswege zu einem Thema, zur Erarbeitung neuen Lernstoffs oder zur Vorbereitung auf Klassenarbeiten.

Ziele:
Die Schüler sollen
- sich eigenverantwortlich und mit Unterstützung von Klassenkameraden mit vorgegebenen Materialien und Texten zu einem Thema intensiv auseinandersetzen,
- sich zum Experten zu dem vorgegebenen Thema machen,
- ihr neu erworbenes Expertenwissen Mitschülern weitervermitteln,
- aus unterschiedlichen Teilergebnissen ein Gruppenergebnis erstellen,
- das Gruppenergebnis präsentieren.

Vorgehen:

Das Vorgehen erfolgt wie bei der klassischen Expertenmethode, aber in der Expertengruppenbildung gibt es folgende Veränderungen:

1. Die Expertengruppen zu den verschiedenen Themenbereichen werden noch einmal in zwei Untergruppen aufgeteilt, die dann jeweils zwischen drei bis vier Mitglieder umfassen.

2. Je vier Expertengruppen arbeiten an einem anderen Themenbereich. Die Teilnehmer innerhalb der jeweils zwei Expertenuntergruppen arbeiten unabhängig voneinander am selben Thema.
   Meist erfolgt erst Einzelarbeit: Text lesen/Informationen verarbeiten. Dann werden mit anderen Mitgliedern der Expertenuntergruppe Spickzettel und Kurzvortrag vorbereitet.

3. Die Mitglieder jeder Expertenuntergruppe wählen einen Schüler aus ihrer Mitte, dem sie zutrauen, eine Partner-Expertenuntergruppe zum selben Thema zu beraten. Die gewählten Berater wechseln in eine Expertenuntergruppe mit dem gleichen Thema und lassen sich ihre Ergebnisse vorstellen. Falls nötig, verbessern oder ergänzen sie. Die Experten innerhalb dieser Gruppe überarbeiten gegebenenfalls ihre Ergebnisse.

4. Dann gehen alle Experten zurück in ihre Heimgruppen und unterrichten diese reihum.

5. Evtl. Einigung auf ein Gruppenergebnis, das die verschiedenen Teilaspekte berücksichtigt. Visualisieren des Gruppenarbeitsergebnisses (z.B. Plakat gestalten, dabei Grundinformationen übersichtlich und einprägsam veranschaulichen), Präsentation der Ergebnisse.

6. **Fragen zur Reflexion:** Die Reflexion kann wie bei der klassischen Expertenmethode auf den Erarbeitungsprozess oder das Ergebnis zielen (s. S. 82).

Erfahrungen aus der Praxis:

Spürbarer Vorteil bei dieser Methode ist eine Arbeitserleichterung für den Lehrer: Schüler aus anderen Expertengruppen übernehmen die Kontrollfunktion hinsichtlich der Richtigkeit und Vollständigkeit der Arbeitsergebnisse in den Expertengruppen. Es zeigt sich nämlich, dass zwei oder mehr unabhängig arbeitende Gruppen zum selben Thema selten den gleichen Fehler machen.

Sandwichmethode

Lehrervortrag, Film und andere Präsentationen von Inhalten in Frontalunterrichtsphasen haben nach wie vor ihre Berechtigung und einen legitimen Platz im modernen Unterricht. Die Frage ist nur: Wie kann man als Gestalter von Lernprozessen erreichen, dass die Schüler nicht wegdämmern, sondern vielmehr die dargebotenen Informationen auch wirklich im Gedächtnis abrufbar ankommen? Der Durchschnittsmensch behält entsprechend der Erkenntnisse aus der Lernpsychologie beim Zuhören lediglich 20 % des Gehörten, wenn er etwas nur sieht, sind es 30 %; beim Hören und Sehen bleiben schon 50 % der Informationen hängen, und 70 % sind es, wenn der Lernende über die neuen Informationen selber spricht. Am besten ist es, wenn er die Dinge selbst ausprobieren kann (90 %). Bei vielen Inhalten ist es jedoch aus zeitlichen, finanziellen, organisatorischen oder technischen, manchmal auch aus ethischen Gründen unmöglich, dass Schüler selbst etwas ausprobieren. Deshalb muss im Unterricht Raum geschaffen werden, damit die Schüler zumindest über den Stoff reden können, da hierdurch bereits 70 % des Lernstoffs behalten werden kann im Gegensatz zu 20 % bei einem noch so guten Lehrervortrag. Es fehlen nur noch Wiederholungsschleifen – dann kann nachhaltiges Lernen auch im Frontalunterricht gelingen.

Die *Sandwichmethode* verbindet abwechselnd darbietende frontale Unterrichtsphasen und solche der aktiven Auseinandersetzung mit den neuen Informationen. Sie unterstützt damit die nachhaltige Wissensaneignung der Lernenden. Der Wechsel zwischen passiven und aktiven Phasen kann an einen – amerikanischen – Sandwich erinnern, daher stammt der Name. Hierzu muss der darzubietende Stoff in Form eines Lehrervortrages, Films oder einer Schülerpräsentation in mehrere – gut verdauliche – Abschnitte unterteilt werden.

Für die aktive Verarbeitung der Informationen kann die Frage an die Schüler lauten: „Was war für dich in dem Film (Vortrag, Text, in der Präsentation etc.) bisher besonders interessant?" In einer ersten Phase des stillen Überlegens reflektieren und bewerten sie bereits die Inhalte. Sie bringen den Stoff mit ihren Erfahrungen in Zusammenhang und verankern ihn so bereits in ihrem Gedächtnis – so beginnt Lernen. In der Phase des Austauschs können die Gedanken weiterentwickelt und geordnet werden, denn viele Menschen entwickeln erst beim Sprechen klare Gedanken. Es werden Gedächtnisspuren im Gehirn angelegt und verstärkt, Informationen werden so nachhaltig gespeichert.

Methoden zum kooperativen Lernen

Sandwichmethode

Eignet sich in Kombination mit Frontalunterrichtsphasen für alle Klassenstufen und nahezu alle Fächer.

Ziele:
Die Lernenden
- folgen aufmerksam einer frontalen Darbietung,
- verarbeiten neue Informationen aktiv im Austausch mit einem Partner.

Vorgehen:

1. **Erste Frontalphase:** Der Lehrer hält einen ersten Teil seines Vortrages, eine erste Filmsequenz wird gezeigt etc. Die Schüler hören zu, nehmen Informationen auf.

2. **Erste aktive Phase:** Die Schüler erhalten eine Frage oder einen Auftrag, die/der zum Nachdenken über den bisher dargebotenen Stoff animiert (z.B.: „Was fandest du besonders interessant an dem bisher Gehörten?", „Kannst du dem Gehörten zustimmen? Begründe deine Antwort." „Fasse die wichtigsten Informationen zusammen.") Die Schüler überlegen sich zunächst alleine eine Antwort und tauschen sich anschließend mit einem Partner aus.

3. **Zweite Frontalphase:** Der Lehrer hält den zweiten Teil seines Vortrags, die zweite Filmsequenz wird gezeigt etc.

4. **Zweite aktive Phase:** Die Schüler erhalten einen weiteren Auftrag zum Reflektieren über die dargebotenen Informationen, überlegen erst alleine und tauschen sich dann mit ihrem Partner aus.

5. **Dritte Frontalphase:** Es folgt der dritte Teil des Vortrags, des Films etc.

6. **Dritte aktive Phase:** Die Schüler setzen sich erst alleine und dann zu zweit mit dem dritten Teil der Darbietung auseinander. Weitere Sandwichschichten können folgen – je nach Umfang und Unterteilung der darzubietenden Informationen.

7. **Fragen zur Reflexion:** „Welche Vorteile siehst du beim Arbeiten mit der *Sandwichmethode* im Vergleich zur Präsentation des Films/ Vortrags etc. ohne sie?"

Methoden zum kooperativen Lernen

Erfahrungen aus der Praxis:
Hinsichtlich der Partnerfindung ist es oft am einfachsten, den Tischnachbarn als Austauschpartner zu bestimmen. Natürlich kann hier aber auch die Gelegenheit genutzt werden, die feste Gruppenzusammensetzung einmal aufzulösen (s. S. 11).

Es hat sich auch als günstig erwiesen, den Schülern die Fragen für die aktive Phase bereits vor der Präsentation der Inhalte zu geben. Dieses Vorgehen erleichtert ihnen, sich auf die wesentlichen Aspekte der Darbietung zu konzentrieren, die der Lehrer als relevant erachtet. Trotzdem sollte der Lehrer den Schülern direkt nach der passiven Phase Zeit zum Überlegen oder Antworten in Einzelarbeit geben.

Bei der Reflexion äußern Schüler meistens alle wesentlichen Vorteile, die die Sandwichmethode bietet: Sie erleben die Darbietung als kurzweiliger, und es käme weniger Langeweile auf; sie blieben konzentrierter; wenn sie über den Inhalt noch einmal selbst sprechen würden, könne man sich viel mehr davon merken.

Vortrag – Mitschreiben – Wiedergeben – Ergänzen

Eine weitere gute Verbindung zwischen Frontalunterricht und aktiver Verarbeitung der Informationen, aber diesmal in Vierergruppen, ist das Vorgehen, das hier mit *Vortrag – Mitschreiben – Wiedergeben – Ergänzen* bezeichnet wird. Jeder hat schon einmal die Erfahrung gemacht, dass es oft schwierig ist, sich während eines Vortrags die gesamte Zeit gleichermaßen zu konzentrieren. Unabhängig von der Qualität der Inhalte und der Form der Darbietung können Vorträge leicht einschläfernde Wirkung haben, hier kann man methodisch entgegenwirken. Der Lehrer muss seine Darbietung zwar unterteilen, aber nicht unterbrechen. Die aktive Auseinandersetzung erfolgt erst im Anschluss an die gesamte Präsentation in Einzelarbeit und in den Vierergruppen. Die Schüler müssen jeweils während eines Teils des Vortrags mitschreiben, es konzentrieren sich daher zumindest die Schüler, die für den speziellen Teil verantwortlich sind. Im Anschluss geben sie den Inhalt in ihrer Kleingruppe wieder und hören noch einmal die übrigen wichtigsten Inhalte von ihren Teamkollegen. Die Phasen der Selbsttätigkeit, das Mitschreiben und vor allem die Wiederholung der Inhalte, unterstützen die Behaltensleistung deutlich.

Vortrag – Mitschreiben – Wiedergeben – Ergänzen

Eignet sich zur aktiven, arbeitsteiligen inhaltlichen Verarbeitung von Vorträgen oder Filmen in Vierergruppen für alle Alterstufen und in nahezu allen Fächern.

Ziele:
Die Schüler
- folgen aufmerksam einer Darbietung (Lehrervortrag, Film u. Ä.),
- schreiben die wichtigsten Inhalte während einer Sequenz der Darbietung mit,
- überarbeiten und strukturieren ihre Aufzeichnungen,
- geben die Inhalte einer Sequenz mit Hilfe ihrer Notizen in der Kleingruppe wieder,
- hören ihren Teamkollegen zu,
- ergänzen die Beiträge der Teamkollegen, soweit nötig.

Vorgehen:

1. Der Lehrer unterteilt seinen Vortrag oder Film in vier etwa gleich lange Abschnitte.

2. Der Lehrer erklärt das Vorgehen während der Präsentation: Jeder Schüler in den Gruppen ist für das Mitschreiben eines Abschnitts der Präsentation zuständig. Schüler 1 muss beim ersten Abschnitt mitschreiben, Schüler 2 beim zweiten usw.

3. Der Lehrer hält den Vortrag, zeigt den Film o.Ä.; nach jedem Abschnitt unterbricht er kurz und kündigt den nächsten Abschnitt an, für den ein neuer Schüler verantwortlich ist.

4. Nach dem Vortrag, der Filmvorführung usw. erhalten die Schüler Zeit, ihre Notizen zu studieren und zu überarbeiten.

5. In den Vierergruppen geben die Schüler reihum den Inhalt ihres Abschnitts wieder, die anderen Gruppenmitglieder hören zu und können die Präsentation ergänzen.

6. **Fragen zur Reflexion:** „Wie hast du die letzte Phase empfunden, als ihr reihum die Inhalte des zuvor Gehörten wiederholt habt? War es für dich eher hilfreich und angenehm oder lästig und überflüssig? Begründe deine Antwort!"

Erfahrungen aus der Praxis:

Ein echtes Problem kann bei dieser Methode das Mitschreiben bereiten. Besonders jüngere und unerfahrene Schüler neigen dazu, möglichst alles notieren zu wollen. Da sie aber nicht stenografieren können, scheitern sie oft kläglich: Sie schreiben einzelne Sätze wortwörtlich mit, verpassen andere wichtige Passagen, filtern nicht die wichtigsten Informationen heraus, können Informationen nicht strukturieren und arbeiten nicht mit Stichwörtern. Mitschreiben als Methode sollte daher gesondert eingeübt werden. Unterstützen kann man die Schüler hierbei, indem man

- eine Gliederung vorgibt, sie also bereits eine Struktur erkennen und die gehörten Informationen einordnen können,

- eine Mindmap vorgibt, die die Schüler während des Vortrags mit Stichwörtern ergänzen. Wichtige Informationen werden hier mit Hilfe einer Grafik strukturiert, was auch die Abspeicherung im Hirn enorm unterstützt:

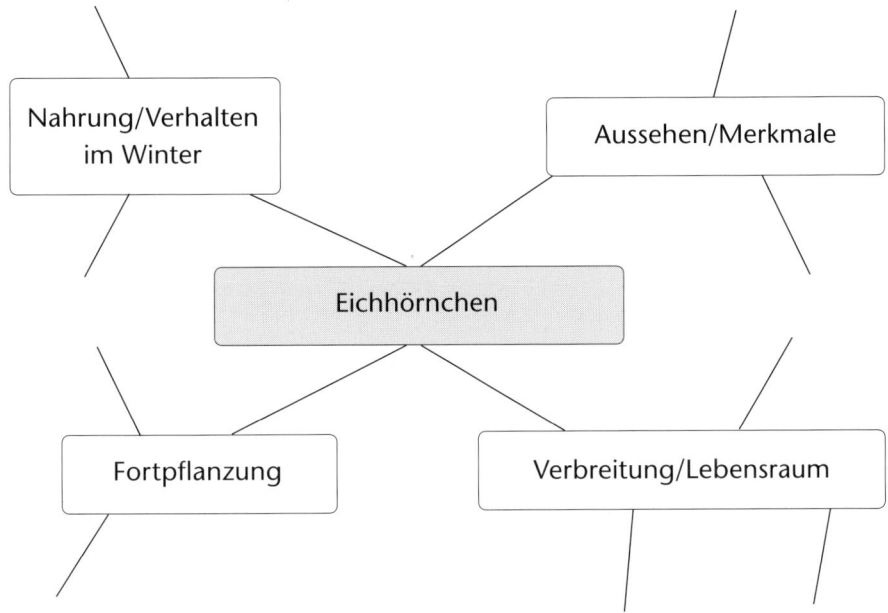

- einen Film zweimal zeigt: Bei der ersten Vorführung sollen die Schüler erst einmal alles ansehen, um den Gesamtzusammenhang zu begreifen, und erst bei der zweiten Vorführung für ihren Teil Stichwörter aufschreiben,
- den Schülern Zeit lässt, ihre Aufzeichnungen erst zu überarbeiten, bevor sie sie weiterverwenden.

Die Austauschphase kann bei Zeitmangel auch in der nächsten Stunde erfolgen. Es muss allerdings sichergestellt sein, dass die Mitschriften dann auch verfügbar sind und möglichst bereits überarbeitet wurden.

Wenn man Schüler bei der Reflexion der Methode fragt, wie sie die Wiederholung des zuvor Gehörten in den Kleingruppen einschätzen, antworten sie fast unisono, dass sie diese Phase als sehr bereichernd erlebten. „Ich kann mir das so viel besser merken, was Sie alles gesagt haben", ist eine typische Schüleräußerung. Sie empfinden offensichtlich keine Langeweile, wenn sie zwei Mal das Gleiche erzählt bekommen oder zuvor Gehörtes anderen nacherzählen sollen. Sie scheinen im Gegenteil regelrecht dankbar zu sein, dass sie im Unterricht die Chance erhalten, das Dargebotene im Gedächtnis zu verankern.

Nachhilfe mit Karteikärtchen und Lob

Unterrichtsgestaltung entsprechend individueller Lernbedürfnisse eines jeden Schülers in der Klasse stellt eine große Herausforderung für alle Lehrer dar. Formen der Freiarbeit bieten breiten Raum für eine Individualisierung der Lernprozesse. Es gibt auch kooperative Unterrichtsmethoden, die die Schüler mit ihren individuellen Lerndefiziten gezielt fördern und gleichzeitig die Vorteile der Gruppe nutzen. Bei der *Nachhilfemethode* arbeiten die Schüler nicht alleine, sondern jeweils mit ihrem „Nachhilfelehrer": einem Klassenkameraden, der sie abfragt, Rückmeldung und eventuell unterstützende Erklärungen gibt und sie lobt.

Probetests oder klasseninterne Lernstandserhebungen zeigen, wo die Schüler ihre individuellen Probleme haben: Einige beherrschen ein bestimmtes Thema sehr gut, andere zeigen Probleme bei einzelnen Teilen, und wieder andere haben große Probleme bei fast allen gestellten Aufgaben. Es macht keinen Sinn, nun jeden Schüler auch alle Probleme seiner Mitschüler bearbeiten zu lassen. Neben der Vergeudung der knappen Ressource Unterrichtszeit langweilen sich Schüler, wenn sie Dinge, die sie bereits beherrschen, noch einmal üben sollen, nur weil andere die Aufgaben noch nicht meistern. Jeder Schüler sollte deshalb die Chance erhalten, ganz gezielt an seinen persönlichen Defiziten zu arbeiten. Hierfür gestaltet jeder Schüler Karteikärtchen mit den Aufgaben, die er noch nicht beherrscht: In Deutsch könnte es sich um falsch geschriebene Wörter eines Probediktats handeln, in Mathematik um einzelne Aufgaben aus dem kleinen Einmaleins oder zum Umgang mit Bruchzahlen, in der Fremdsprache um unregelmäßige Verben etc.

Der Lehrer führt einen Probetest zu einem bestimmten Thema durch und gibt die korrigierte Arbeit den Schülern zurück. Jeder Schüler verbessert seine Fehler im Probetest, gegebenenfalls mit Unterstützung des Schulbuchs, des Lehrers oder der Mitschüler. Er schreibt die einzelnen nicht gekonnten Aufgaben/Wörter auf ein Karteikärtchen, auf die Rückseite jeweils die passende Lösung/Übersetzung oder Erklärung für die Lösung; bei Lernwortkärtchen für ein Diktat braucht auch gar nichts auf der Rückseite stehen, da die Wörter nur diktiert werden sollen. In Zweiergruppen hören sich die Schüler nun gegenseitig ab. Dabei verwendet der Schüler, der zunächst als Nachhilfelehrer abhört, nur fünf Fragen, die sein Nachhilfeschüler selbst auf seine Karteikärtchen geschrieben hat.

In der ersten Runde liest der Lehrer die fünf Aufgaben und die jeweils passenden Lösungen vor. Bei zu übenden Wörtern kann er das entsprechende Wort vorlesen, zeigen und seinen Schüler bitten, es genau anzusehen und abzuschreiben. Anschließend werden alle fünf Aufgaben noch einmal aus dem Kurzzeitgedächtnis abgefragt – diesmal muss der Schüler die Lösung selbst nennen oder das entsprechende Wort ohne Spicken richtig aufschreiben. Bei jeder richtigen Lösung erhält der Lernende ein großes Lob und darf die Karte wieder an sich nehmen. In der Regel werden in dieser Runde kaum Fehler gemacht, da der Lernende ja unmittelbar vor der Abfrage die Lösung bereits gesehen hat. Ist die Lösung trotzdem einmal falsch, zeigt der Nachhilfelehrer noch einmal die richtige und sucht mit dem Lernenden nach einer Merkhilfe. Das Kärtchen wird dann hinter die noch abzufragenden Lernkarten gesteckt und am Ende noch einmal abgefragt. Erst wenn der Schüler alle seine Lernkärtchen zurückerhalten hat, wechseln die beiden Schüler die Rollen und der bisherige Lehrer wird vom bisherigen Schüler abgefragt. Die Schülerpaare nehmen sich danach in weiteren Arbeitsrunden die übrigen Karteikärtchen vor und hören sich weiter gegenseitig ab oder wiederholen bereits abgefragte Aufgaben. Erst dann folgt der richtige Test oder die Klassenarbeit: Jetzt können die Schüler sich und dem Lehrer beweisen, dass sie etwas gelernt haben. Bei der Reflexion können die Schüler sich klar werden, dass ihre persönliche Anstrengung und die Unterstützung eines Partners zu messbarem Erfolg führen können. Sie erleben hier ihre Selbstwirksamkeit, wie die Psychologie es nennt, sie selbst sind für den Erfolg verantwortlich! Besonderer Wert wird auf das Lob des Nachhilfelehrers gelegt: Es gibt Bestätigung, tut gut und motiviert zum Weiterlernen. Aus der Hirnforschung ist bekannt, dass positive Rückmeldung auf einen Erfolg im Gehirn den Botenstoff Dopamin ausschüttet, einen opiumähnlichen Stoff, der ein Glücksgefühl auslöst und dabei wie ein Lernturbo wirkt.

Nachhilfe mit Karteikärtchen und Lob

Eignet sich zum individuellen Einüben von Lernstoff.

Ziele:
Die Schüler
- stellen eigene Probleme fest und übertragen entsprechende Problemaufgaben auf Karteikärtchen,
- üben Lernstoff mit Hilfe eines „Nachhilfelehrers",
- fragen einen Mitschüler Lernstoff ab und loben ihn für richtige Lösungen.

Methoden zum kooperativen Lernen

Vorgehen:
1. Probetest/Lernstandserhebung 1 wird durchgeführt.

2. **Einzelarbeit:** Lernwörter und -aufgaben werden auf Lernkärtchen übertragen, fünf Lernkärtchen werden ausgewählt.

3. **Partnerarbeit I:** Schüler A ist „Nachhilfelehrer", Schüler B ist „Nachhilfeschüler".
   - A liest fünf Lernkärtchen von B (Aufgabe und Lösung) vor.
   - A hört B die fünf Lernkärtchen ab: A fragt, B antwortet.
   - Bei richtiger Antwort: A lobt B, B darf die Karte an sich nehmen.
   - Bei falscher Antwort: A zeigt richtige Lösung und sucht mit B eine Lernhilfe; die Karte bleibt bei A und wird hinter die noch abzufragenden Karten gesteckt.
   - A fragt weiter, bis B alle fünf Fragen richtig beantwortet hat.

4. **Partnerarbeit II:** Rollenwechsel: Schüler B ist „Nachhilfelehrer", Schüler A ist „Nachhilfeschüler". Vorgehen wie Partnerarbeit I mit getauschten Rollen.

5. **Weitere Partnerarbeit:** Die Schülerpaare nehmen nun die übrigen Karteikärtchen und hören sich gegenseitig ab oder wiederholen bereits abgefragte Kärtchen.

6. Klassenarbeit/Test/Lernstandserhebung 2 wird durchgeführt.

7. **Fragen zur Reflexion:** „Hast du dich bei der zweiten Lernstandserhebung gegenüber der ersten verbessert? „Welche Unterstützung deines Partners hat dir besonders geholfen?"

Erfahrungen aus der Praxis:
Unbedingt sollte der Lehrer die Lernkärtchen vor dem Üben mit dem Partner überprüfen und gegebenenfalls noch einmal verbessern.
Die Lernkärtchen können auch mit nach Hause genommen (zur individuellen Wiederholung zu einem späteren Zeitpunkt) oder während der Freiarbeit verwendet werden. Allen Schülern kann je nach dem Grad der Leistungssteigerung beider Partner ein Partnerbonus gegeben werden: Hier wird sowohl die Verantwortung des Nachhilfelehrers für den Lernerfolg seines Schülers als auch die Eigenverantwortlichkeit für seinen persönlichen Lernfortschritt honoriert.

Spinnennetz

Beim *Spinnennetz* handelt es sich in erster Linie um eine Wiederholungsmethode am Schluss einer Unterrichtseinheit. Sie ist ein gutes Beispiel, wie man im Unterricht nachhaltiges Lernen entsprechend der Erkenntnisse aus der Hirnforschung fördern kann. Lernen kann nach den Erkenntnissen der Neuropsychologie nur äußerst begrenzt durch Auswendiglernen von losgelösten Teilen und Begriffen erfolgen. Wissen kann nicht als Ansammlung von Informationen, Daten und Fakten verstanden werden. Vielmehr verlangt das Gehirn – selbst bestehend aus vernetzten Strukturen – nach Unterrichtsbedingungen, die Zusammenhänge aufzeigen und damit zu vernetztem Denken anregen. Solche Lernbedingungen kann die Spinnennetzmethode schaffen. Die Schüler spinnen gemeinsam ein gedankliches Netz: Nach und nach entsteht durch die einzelnen Beiträge jedes Schülers ein zusammenhängendes Geflecht von Begriffen, das ein bestimmtes Thema umreißt. Bei einer Reflexion mit Schülern ist man oft überrascht, wie klar sie die Stärken dieser Methode selbst benennen können:

- Jeder kann und muss etwas beitragen.

- Niemand wird bloßgestellt, da er vorher die zu erläuternden Begriffe mit aussuchen und sich mit Hilfe von Mitschülern, des Buches oder des Hefts kundig machen konnte.

- Jeder muss gut zuhören, was die Mitschüler sagen, um eine gute Gelegenheit zu erwischen, sich einzuklinken.

- Schüler begreifen Begriffsbestimmungen und Erklärungen mit den Worten von Mitschülern oft besser, da sie vergleichsweise ähnlich denken, sprechen und assoziieren. Die Verankerung des Lernstoffs im Hirn kann so erleichtert werden.

Spinnennetz

Eignet sich zur Wiederholung und zur gedanklichen Verknüpfung wichtiger Begriffe am Ende einer Unterrichtseinheit oder in der Einstiegsphase zum Erfassen von Vorkenntnissen, (Vor-)Erfahrungen, Einstellungen, Meinungen und Ideen in fast allen Fächern.

2 Methoden zum kooperativen Lernen

Ziele:
Die Schüler
- lernen, Einzelinformationen in einen größeren Zusammenhang zu stellen,
- wiederholen wichtige Begriffe und Informationen zu einem Thema.

Vorgehen:
1. Begriffe zu einem Thema werden auf einzelne Kärtchen geschrieben (möglichst mehr Kärtchen herstellen, als Schüler in der Klasse sind).
2. Jedem Schüler wird nach dem Zufallsprinzip ein Kärtchen zugewiesen.
3. **Tauschhandel:** Kärtchen können unter den Teilnehmern oder mit den übrig gebliebenen Kärtchen getauscht werden.
4. Jeder Schüler holt zu dem Begriff notwendige Informationen bei Mitschülern, aus seinen Unterlagen, aus Büchern etc. ein.
5. Alle Schüler setzen sich mit ihren Kärtchen in einen Kreis. Einer beginnt, seinen Begriff zu erklären. Jemand, der glaubt, sein Begriff stehe im Zusammenhang mit den Ausführungen seines Vorredners, übernimmt das Wort und erklärt diesen Zusammenhang sowie seinen Begriff. Diese Phase wird fortgesetzt, bis alle Schüler ihren Begriff erläutert haben.
6. **Fragen zur Reflexion:** „Welche Stärken siehst du in dieser Wiederholungsmethode?"

Erfahrungen aus der Praxis:
Das Spinnennetz eignet sich zur Wiederholung in fast allen Fächern, zum Beispiel in naturwissenschaftlichen Fächern zu den Themen „Wasserkreislauf", „Klima", „Verdauung", „Atmung", „Die Biene", ..., in Mathematik zur Wiederholung z.B. von Fachbegriffen zu den Grundrechenarten (Summe, Addition, Produkt ...), in geisteswissenschaftlichen Fächern z.B. zu einzelnen Geschichtsepochen, zum Thema „Unsere Lektüre" ...
Bei größeren Gruppen oder wenn zu wenige sinnvolle Begriffe zu einem Thema zur Verfügung stehen, können auch jeweils zwei Kärtchen mit denselben Begriffen zur Verfügung gestellt werden. Dann können die beiden Schüler mit demselben Begriff beispielsweise als Partner gemeinsam die Präsentation ihres Begriffs vorbereiten und im Kreisgespräch gemeinsam

auftreten; oder sie bereiten sich individuell vor und äußern sich an zwei verschiedenen Stellen im Kreisgespräch.

Folgendes Beispiel soll eine mögliche Durchführung des Spinnennetzes illustrieren:

In einer Deutschklasse wurde eine Lektüre durchgenommen. Der Lehrer wollte die Schüler zum Schluss die wichtigsten inhaltlichen Elemente zusammenführend wiederholen lassen. Hierfür bereitete er Kärtchen vor, auf denen Personen, Tiere, Plätze, Dinge und Begriffe standen, die in der Lektüre eine Rolle spielten. Die Schüler wurden gebeten, einen Stuhlkreis zu bilden.
Der Lehrer mischte die vorbereiteten Karten und verteilte je eine an jeden Schüler. Die übrigen Kärtchen legte er in die Mitte des Kreises. Der Lehrer erklärte das weitere Vorgehen: „Jeder hat einen wichtigen Begriff zu unserer Lektüre erhalten. Legt das Kärtchen bitte vor euch auf den Boden, und überlegt, ob ihr den Begriff und seine Rolle in der Lektüre nachher im Kreis erklären könnt. Wenn ich das Signal zum Start gebe, könnt ihr euer Kärtchen mit einem Mitschüler oder mit einer Karte aus der Mitte tauschen. Ihr dürft natürlich noch einmal im Buch oder in eurem Heft nachschlagen und euch mit Mitschülern beraten. Ihr habt hierfür insgesamt zehn Minuten Zeit."
Ein Schüler stürzte sofort in die Stuhlmitte und tauschte sein Kärtchen. Es folgten einige Schüler, und es entstand eine rege Tauschbörse auf dem Boden. Andere Schüler gingen zu Mitschülern und tauschten einige Male. Nach und nach zogen sich Schüler zurück und blätterten in Büchern und Heften oder besprachen sich mit Mitschülern.
Der Lehrer bat nach zehn Minuten die Schüler zurück in den Stuhlkreis: „Gleich dürft ihr eure Begriffe in dieser Runde erklären. Hört genau zu, was eure Mitschüler zu ihrem Begriff erläutern: Wenn du den Eindruck hast, dein Begriff passt inhaltlich dazu, darfst du dich melden und bist an der Reihe. Bitte erkläre dann zuerst den Zusammenhang zwischen dem zuvor Gesagten und deinem Begriff, und erläutere ihn anschließend genauer." Während der nun folgenden Runde wurden wichtige Begriffe der Lektüre erläutert. Die Schüler hatten sich offensichtlich gut auf diese Präsentation vorbereitet, der Lehrer musste selten nachhaken und Mitschüler um Ergänzung oder Richtigstellung bitten. Die Zusammenhänge, die die Schüler zwischen den Begriffen herstellten, entsprachen überwiegend klaren inhaltlich-logischen Verknüpfungen, manchmal wurden auch lustige Zusammenhänge konstruiert. Jedenfalls blieb es spannend bis zum Schluss, welche Verbindungen jeweils hergestellt wurden.

Ampelkartenfeedback

Ein Beispiel für eine empfehlenswerte Feedbackmethode ist das *Ampelkartenfeedback*. Diese Methode ist eine hervorragende Ergänzung zu kooperativen Unterrichtsmethoden, da auch sie auf die Aktivierung der Schüler abzielt und die (nonverbale) Kommunikation mit vielen, meist allen Schülern zur gleichen Zeit ermöglicht. Außerdem kann das Kartenfeedback in fast jeder Unterrichtsstunde verwendet werden, weshalb sich auch die einmalige Herstellung der Kärtchen lohnt. Die Ampelkärtchen können zur nonverbalen Kommunikation im allgemeinen Unterricht z.B. immer zu folgenden Gelegenheiten verwendet werden:

- Die Schüler dürfen die rote Karte zeigen, wenn eine Störung von ihrer Seite vorliegt (z.B. sie sich unwohl fühlen oder sie etwas nicht verstehen).

- Die Schüler müssen die grünen Karten oben auflegen, wenn sie mit der Partner- oder Gruppenarbeit fertig sind. Nur dann dürfen sie Privatgespräche führen, sonst folgt auf Privatgespräche grundsätzlich eine Verwarnung und dann eine Strafe.

- Wenn Partner- oder Gruppenarbeitsergebnisse im Plenum besprochen werden, können alle Schüler zeigen, ob sie den Ausführungen zustimmen (grünes Kärtchen), ob sie Ergänzungen machen möchten (gelbes Kärtchen) oder ob sie den Ergebnissen nicht zustimmen (rotes Kärtchen). Viele Schüler möchten nach einer Partner- oder Gruppenarbeitsphase ihre Ergebnisse präsentieren, oft bleibt dazu aber nicht die Zeit. Durch das Kartenfeedback haben sie zumindest die Chance, eine Rückmeldung über ihre Ergebnisse zu geben und damit überhaupt wahrgenommen zu werden. Und der Lehrer hat schnell einen Überblick über Erfolg oder Probleme innerhalb der Gesamtlerngruppe.

Ampelkartenfeedback

Eignet sich zur nonverbalen Kommunikation für nahezu jede Unterrichtsstunde, Klassenstufe, Klassengröße und jedes Unterrichtsfach.

Ziele:
- Aufrechterhaltung des Unterrichtsflusses durch nonverbale Signale,
- nonverbale Kommunikation mit allen Schülern zur gleichen Zeit,
- breite Aktivierung der Schüler: Alle müssen eine Antwort geben.

Methoden zum kooperativen Lernen

Vorgehen:
1. Jeder Schüler erhält drei Kärtchen: ein grünes, ein gelbes und ein rotes.

2. Der Lehrer stellt eine Frage, auf die es zwei oder drei alternative Antworten gibt, jeder Farbe der Ampelkärtchen wird eine Antwortmöglichkeit zugeordnet.

3. Die Schüler wählen eins der farbigen Kärtchen entsprechend der von ihnen gewählten Antwort und halten es für den Lehrer deutlich sichtbar vor sich.

4. **Fragen zur Reflexion:** „Zu welcher Gelegenheit findest du die Karten sinnvoll? Wann findest du sie überflüssig?"

Erfahrungen aus der Praxis:
Die Kärtchen können aus farbigem, laminiertem Tonpapier auf DIN-A8-Format geschnitten werden, das entspricht 16 Kärtchen pro DIN-A4-Blatt. Die Schüler sollten diese Kärtchen in ihrem Federmäppchen aufbewahren, damit sie sie bei Bedarf sofort zur Verfügung haben.
Im Laufe des Schuljahres lösen sich regelmäßig bei einigen Schülern die Kärtchen in Luft auf: Sie sind einfach weg. Damit diese Schüler dennoch ihre Rückmeldung geben können, behelfen sie sich beispielsweise mit farbigen Stiften, die sie stattdessen in die Höhe halten, oder sie stellen sich selbst noch einmal Kärtchen her.
Sind die Kärtchen erst einmal angeschafft, können sie in einer Unterrichtsstunde häufig zum Einsatz kommen, nicht nur im Zusammenhang mit kooperativem Arbeiten. Ein gutes Beispiel für die besondere Wirkung der Kärtchen ist die simple Frage des Lehrers nach den Hausaufgaben: Auf die Frage „Hat jemand die Hausaufgaben nicht oder nicht vollständig gemacht?" zeigen ein paar Schüler auf und der Lehrer macht sich Notizen.
Bei einem Kontrollgang oder wenn die Hausaufgaben besprochen werden, kommt es immer wieder vor, dass Schüler erwischt werden, die die Hausaufgaben nicht haben, sich aber nicht gemeldet hatten. Ihre einfache Entschuldigung: „Ich habe gar nicht gehört, dass Sie danach gefragt haben ..." ist schwer zu widerlegen. Der Lehrer kann jetzt eine Diskussion darüber anfangen, dass der Schüler zur Aufmerksamkeit verpflichtet ist oder gar dem Schüler unterstellen, dass er lügt. Diese Situation kann mit Hilfe der

2 Methoden zum kooperativen Lernen

Kärtchen leicht vermieden werden: Bittet der Lehrer nämlich die Schüler, mit den Kärtchen kurz zu signalisieren, ob sie die Hausaufgaben vollständig (grünes Kärtchen), nur teilweise (gelbes Kärtchen) oder gar nicht vorliegen haben (rotes Kärtchen), muss jeder Schüler eine eindeutige Antwort geben, und es fällt sofort auf, wenn sich jemand drücken will. Hier zu lügen und die falsche Karte zu zeigen, ist zwar möglich, aber unwahrscheinlich – es kam in den vielen Jahren des beobachteten Einsatzes im Unterricht bisher nie vor.

Eine andere typische Situation für den Einsatz der Kärtchen im Unterricht ist, wenn der Unterrichtende unsicher ist, ob ein Sachverhalt bei den Schülern angekommen ist. Fragt er einfach in die Klasse: „Habt ihr das verstanden?", so erntet er von einigen Schülern Kopfnicken und sonst häufig nichts sagende Blicke. Nur in seltenen Fällen melden sich Schüler und fragen noch einmal gezielt nach. Ob das Kopfnicken reflexartig erfolgte, um nicht weiter behelligt zu werden, weil die Schüler die Erwartung des Lehrers nicht enttäuschen wollten, oder ob sie die Ausführungen tatsächlich verstanden haben, sei dahingestellt. Soll die gleiche Frage mit den Kärtchen beantwortet werden, müssen alle Schüler sich aktiv überlegen, welche Karte sie jetzt wählen: grün für „alles verstanden", gelb für „teilweise verstanden, aber noch unsicher", rot für „nicht verstanden". Plötzlich setzt sich jeder Schüler mit der Frage des Lehrers wirklich auseinander, er muss eine eindeutige Antwort geben. Da die Kärtchen nur vor dem Körper der Schüler gezeigt und nicht in die Luft gestreckt werden müssen, fühlen sich die Schüler in der Regel auch wohler bei ihrer Antwort. Sie hat keinen öffentlichen Bloßstellungscharakter und wirkt diskreter. Wenngleich der Lehrer noch nicht weiß, ob die Selbsteinschätzung der Schüler mit seinen Erwartungen, was das Verständnis anbelangt, übereinstimmt, bekommt er doch eine schnelle Rückmeldung von der gesamten Klasse, die eine Grundlage für sein weiteres Vorgehen sein kann.

Ampelkartenfeedback – Übersicht mitBeispielen für Einsatzmöglichkeiten im Unterricht

Hausaufgabenkontrolle:
- Hast du die Hausaufgaben vollständig, zeige grün.
- Hast du die Hausaufgaben nur teilweise, zeige gelb.
- Hast du die Hausaufgaben gar nicht, zeige rot.

Hausaufgaben/Lösungen vergleichen:
- Stimmst du der Lösung zu, zeige grün.
- Wenn du die Lösung für unvollständig hältst und sie ergänzen möchtest, zeige gelb.
- Hältst du die Lösung für falsch, zeige rot.

Bei drei alternativen Antwortmöglichkeiten (multiple choice):
- Wenn du meinst, Antwort a) ist richtig, zeige grün.
- Wenn du meinst, Antwort b) ist richtig, zeige gelb.
- Wenn du meinst, Antwort c) ist richtig, zeige rot.

Bei zwei alternativen Antwortmöglichkeiten:
- Wenn der Satz/die Lösung richtig ist, so zeige grün.
- Wenn der Satz/die Lösung falsch ist, so zeige gelb.
- Wenn du nicht weißt, ob die Lösung richtig oder falsch ist, so zeige rot.

Zur Reflexion:
Wie hast du dich heute bei der Gruppenarbeit konzentriert?
- gut → grün
- teilweise gut → gelb
- nicht so gut → rot

Wie schätzt du die Lautstärke heute bei der Gruppenarbeit ein?
- es war leise → grün
- es war überwiegend angemessen → gelb
- es war noch zu laut → rot

Präsentation im Plenum

Die *Präsentation* kann im Plenum mündlich erfolgen oder visuell mit einer zuvor erstellten Folie, die auf dem Tageslichtprojektor für alle Schüler die wichtigsten Ergebnisse sichtbar macht. Seltener gibt es die Möglichkeit, Ergebnisse über den Beamer zu zeigen. Auch Plakate, die von den Schülern erstellt wurden, können vor der Klasse präsentiert werden, mit oder ohne zusätzliche mündliche Erklärungen, je nach Thema und Bedarf.

Bleibt zu klären, wer aus der Gruppe das Gruppenergebnis präsentieren soll: Bei größeren Gruppenarbeiten wie Projekten ist es sinnvoll, dass die Gruppe gemeinsam ihr Ergebnis präsentiert. Das bedeutet, dass wirklich jeder Schüler einen Teil der Ergebnisse darstellt. Handelt es sich um weniger umfangreiche Ergebnisse nach kürzeren Gruppenarbeitsphasen, präsentiert sinnvollerweise nur ein Schüler stellvertretend für seine Gruppe. Wer die Vorstellung übernimmt, kann von der Gruppe oder vom Lehrer bestimmt werden.

Präsentation im Plenum

Eignet sich zur Präsentation von Gruppenarbeitsergebnissen und kann in fast allen Fächern und Klassenstufen eingesetzt werden.

Ziele:
- Schüler jeder Gruppe präsentieren ihre Ergebnisse der gesamten Klasse.
- Die Gruppenergebnisse werden von Mitschülern und dem Lehrer wertgeschätzt, verglichen und kommentiert.

Vorgehen:
1. Die Gruppenergebnisse werden auf einen Spickzettel geschrieben oder gut lesbar auf einer Tageslichtprojektorfolie, einem Plakat o.Ä. festgehalten.
2. Bei wenig umfangreichen Ergebnissen präsentiert ein Schüler jeder Gruppe, bei umfassenderen Präsentationen sollten es alle Gruppenmitglieder sein.
3. **Fragen zur Reflexion:** Die Reflexion kann nach jeder Kleingruppenpräsentation erfolgen: „Was hat die Gruppe gemacht? Was könnte man besser machen?"

Erfahrungen aus der Praxis:

Wenn die Ergebnisse aufgabengleicher Gruppenarbeiten recht ähnlich ausfallen, gibt es zwei Möglichkeiten, dennoch allen Gruppenergebnissen Beachtung zu schenken:

- Jeder Schüler, der seine Gruppe repräsentieren soll, sagt nur einen Teil des Ergebnisses, die anderen müssen gut zuhören und dann jeweils ergänzen.

- Während ein Schüler seine Lösungen präsentiert, hören die entsprechenden Gruppenvertreter der anderen Gruppen zu und signalisieren anschließend Zustimmung, Ablehnung oder Ergänzungsbedarf z.B. mit den Ampelkärtchen (s. S. 108).

Bei der Bestimmung eines Gruppenvertreters zur Präsentation des Gemeinschaftsergebnisses wurden sehr gute Erfahrungen mit zufällig vom Lehrer ausgewählten Schülern gemacht: Hierzu müssen die Gruppen zuvor durchnummeriert werden (s. S. 15). Am Ende der Gruppenarbeitsphase bestimmt der Lehrer, dass heute zum Beispiel alle Zweier der Gruppen berichten. Dieses Vorgehen hat zwei große Vorteile: Zum einen wissen die Schüler während der Gruppenarbeitsphase nicht, wer am Ende das Ergebnis darstellen muss, d.h. jeder weiß, er kann drankommen. Das erhöht die Motivation jedes Teilnehmers zur Mitarbeit, und die Gruppe bemüht sich, dass möglichst alle das Gruppenergebnis verstehen und erklären können, da sie sich als Ganzes möglichst gut darstellen will. Zum anderen erhöht dieses Vorgehen die Akzeptanz der Auswahl bei den Schülern: Wenn es sie trifft, haben sie das Gefühl, dass es eine wirklich zufällige Wahl war und sie nicht vom Lehrer aus irgendeinem Grund „herausgepickt" wurden.

Markt der Möglichkeiten

Der *Markt der Möglichkeiten* ist eine beliebte Methode, visuelle Gruppenarbeitsergebnisse in Form von Postern o. Ä. der Gesamtgruppe zu präsentieren, jedoch nicht vor dem Plenum, sondern dezentral jeweils vor kleineren Gruppen. Ein Schüler pro Gruppe verweilt jeweils bei dem eigenen Gruppenergebnis und erläutert es den vorbeikommenden Betrachtern. Viele Schüler – und auch Lehrer – empfinden diese dezentrale Präsentationsmethode als sehr entspannt. Alle ziehen in kleinen Grüppchen oder auch alleine von Poster zu Poster und können sich jeweils von einem Experten, der für das Ergebnis mit verantwortlich ist, zusätzlich Informationen über das Gruppenergebnis einholen. Zum Schluss können die Ausgangsgruppen ihr eigenes Ergebnis unter dem Eindruck der anderen Gruppenergebnisse innerhalb der Kleingruppe oder im Plenum kritisch reflektieren.

Markt der Möglichkeiten

Eignet sich zur Präsentation von Gruppenarbeitsergebnissen, und zwar sowohl nach gruppenteiliger als auch gruppengleicher Gruppenarbeit; kann in fast allen Fächern und Klassenstufen eingesetzt werden.

Ziele:
- Die Schüler können die Ergebnisse der verschiedenen Kleingruppen besichtigen und Fragen dazu stellen oder sie kommentieren.
- Einige Schüler präsentieren ihr Kleingruppenergebnis.

Vorgehen:
1. Die Gruppenergebnisse werden gut sichtbar entweder auf den Gruppentischen oder an Stellwänden auf Postern usw. an verschiedenen Stellen des Klassenzimmers ausgestellt.
2. Jede Gruppe bestimmt ein oder zwei Mitglieder, die das Gruppenergebnis erklären sollen. Diese Gruppensprecher stehen an ihrem Gruppen-„Marktstand" für weitere Informationen und Rückfragen für Interessierte zur Verfügung.
3. Die anderen Schüler schlendern über den Markt und informieren sich über die Arbeit der anderen Gruppen. Sie geben den Gruppen Rückmeldungen zu ihren Ergebnissen.

Methoden zum kooperativen Lernen

4. **Fragen zur Reflexion:** Die Reflexion der Ergebnisse erfolgt innerhalb der Kleingruppen und/oder im Plenum: „Wie war aus deiner Sicht der Markt der Möglichkeiten? Welche Anregungen hast du von den anderen Gruppen erhalten?"

Erfahrungen aus der Praxis:

So angenehm und entspannt diese Methode bei vielen Gruppen erlebt werden kann, so schwierig kann sie sich jedoch in Einzelfällen darstellen: Sie setzt ein gewisses Maß an Selbstkontrolle der Schüler voraus, da sie erstens frei wählen können, mit wem sie zusammen die Ergebnisse betrachten wollen, und zweitens den Ergebnissen der anderen Gruppen respektvoll und offen begegnen sollten. Gegebenenfalls kann der Lehrer hierzu auch Vorgaben machen. Günstig hat sich in jedem Fall erwiesen, den Schülern Aufträge für ihren Rundgang zu geben: Grundsätzlich sollten die Marktstandbesucher die Möglichkeit erhalten, positive und kritische Rückmeldungen zu geben, z.B. in Form von kurzen Kommentaren oder Fragen, die auf kleinen Zettelchen (hier eignen sich Haftnotizzettel) den Gruppenergebnissen angeheftet werden. Bei arbeitsteiliger Gruppenarbeit kann der Lehrer auch inhaltliche Fragen stellen, die die Schüler auf ihrem Weg beantworten müssen, oder die Aufgabe geben, herauszufinden, wie die Ergebnisse der anderen Gruppen mit den eigenen in Zusammenhang stehen. Bei arbeitsgleicher Gruppenarbeit können die Aufträge Fragen zur Gestaltung und Darstellung der Lösung oder auch zur inhaltlichen Bewertung sein.

Uhrwerkpräsentation

Die *Uhrwerkpräsentation* erfolgt im Sitzen an den Tischen und ist eine Alternative zum vorher beschriebenen Markt der Möglichkeiten. Sie ist eine strukturiertere Methode, sodass die Gesamtgruppe besser im Blick des Lehrers ist, was bei lebendigeren oder schwierigeren Gruppen möglicherweise Störungen vorbeugen kann. Für Gruppen von 16 Schülern erscheint diese Methode geradezu ideal, da jeder Schüler drankommt und sein Kleingruppenergebnis anderen Schülern erklären darf. Die Struktur dieser Methode mag am Anfang kompliziert erscheinen. Wer sie trotzdem einmal ausprobiert hat, wird die Vorteile dieser Art der Präsentation schätzen: Die Schüler sind in der Regel sehr engagiert, auch Schwächere entwickeln Selbstvertrauen, wenn sie im Schutz einer Kleingruppe ihr Ergebnis präsentieren dürfen. Die Schüler sind vielfach aufmerksamer in einer kleinen Gruppe, wenn ein Mitschüler zu ihnen spricht, als wenn es vor der ganzen Klasse erfolgt, und vor allem sie haben die Möglichkeit, intensiv das Ergebnis zu würdigen, zu hinterfragen und zu vertiefen. Oft entwickeln sich tiefgehende Diskussionen, wenn die Schüler die verschiedenen Ergebnisse kennenlernen und begutachten.

				Pult				
D2	D1	C2	C1		B2	B1	A2	A1
☺	☺	☺	☺		☺	☺	☺	☺
D		C			B		A	
☺	☺	☺	☺		☺	☺	☺	☺
D3	D4	C3	C4		B3	B4	A3	A4

Nach der ersten Wanderung:

				Pult				
B2	A1	A2	D1		D2	C1	C2	B1
☺	☺	☺	☺		☺	☺	☺	☺
D		C			B		A	
☺	☺	☺	☺		☺	☺	☺	☺
C3	D4	B3	C4		A3	B4	D3	A4

Nach der zweiten Wanderung:

				Pult				
C2	B1	B2	A1		A2	D1	D2	C1
☺	☺	☺	☺		☺	☺	☺	☺
D		C			B		A	
☺	☺	☺	☺		☺	☺	☺	☺
D3	A4	C3	D4		B3	C4	A3	B4

Nach der ersten Wanderung: Die Vierer sind noch in ihrer Ausgangsgruppe und berichten.
Nach der zweiten Wanderung: Die Dreier sind jetzt wieder in ihrer Ausgangsgruppe und berichten.
usw.

Uhrwerkpräsentation

Eignet sich zur Präsentation von Gruppenarbeitsergebnissen, und zwar sowohl nach gruppenteiliger als auch gruppengleicher Gruppenarbeit, auch in lebhaften oder schwierigen Lerngruppen; kann in fast allen Fächern und Klassenstufen eingesetzt werden.

Ziele:
- Jeder Schüler präsentiert einmal das Ergebnis seiner Gruppe vor einer kleinen Gruppe.
- Jeder Schüler lernt die Ergebnisse der anderen Schüler kennen und darf sie kommentieren.

Vorgehen:
1. **Durchnummerieren:** Die Schüler werden in jeder Gruppe von eins bis vier durchnummeriert (s. S. 15).

2. **Erste Wanderung:** Wenn der Lehrer ein Signal gibt, wandern alle Einser zu ihrer direkten Nachbargruppe im Uhrzeigersinn, dann gibt der Lehrer das Signal, und die Zweier wandern zwei Gruppen weiter, anschließend wandern die Dreier drei Gruppen weiter, die Vierer bleiben in ihrer Tischgruppe zurück.

3. **Erste Präsentation:** Die Vierer in jeder Gruppe präsentieren ihren „Gästen" nun ihr Gruppenergebnis, stehen für Rückfragen zur Verfügung und nehmen Kommentare und Kritik entgegen.

4. **Zweite Wanderung:** Die neu gebildeten Gruppen, die aus Mitgliedern jeweils verschiedener Tischgruppen bestehen, rotieren komplett im Uhrzeigersinn einen Tisch weiter. Nun befinden sich an jedem Tisch wieder drei „fremde" Schüler und ein Schüler (der Dreier) aus dieser Tischgruppe. Die Dreier präsentieren der Gruppe ihr Ergebnis.

2 Methoden zum kooperativen Lernen

5. **Dritte Wanderung:** Die Gruppen rotieren wieder komplett einen Tisch weiter im Uhrzeigersinn. Nun befinden sich an jedem Tisch wie zuvor drei „fremde" Schüler und ein Schüler (der Zweier) aus dieser Tischgruppe. Die Zweier präsentieren der Gruppe ihr Ergebnis.

6. **Vierte Wanderung:** Ein letztes Mal rotieren die Gruppen im Uhrzeigersinn weiter, diesmal sind die Einser mit der Präsentation an der Reihe.

7. Alle Schüler begeben sich zurück in ihre Ausgangsgruppen. Sie begutachten unter Berücksichtigung der anderen Gruppenergebnisse und der Diskussionen in den vorangegangenen Phasen ihr eigenes Gruppenergebnis kritisch, ergänzen und verbessern es.

8. **Fragen zur Reflexion:** „Welche Vorteile siehst du bei dieser Form der Ergebnispräsentation?"

Erfahrungen aus der Praxis:
Wenn in der Klasse ein oder zwei Schüler mehr sind und keine Vierergruppen gebildet werden können, können sie einfach mitwandern – ohne selbst zu präsentieren. Bei größeren Klassen mit mehr als vier Gruppen kann diese Methode ebenfalls angewandt werden, dann werden aber nur bei vier Wanderungen Gruppenergebnisse von Schülern präsentiert und erklärt, bei den anderen Stationen können die Ergebnisse nur visuell begutachtet werden. Das Vorgehen kann auch vereinfacht und zeitlich verkürzt werden, wenn es einem nicht so wichtig erscheint, dass möglichst viele Schüler selbst präsentieren: Dann lässt man die Schüler nur einmal wie oben beschrieben wandern. Wenn die Präsentation nach der ersten Wanderphase beendet ist, kehren die Schüler in ihre Ausgangsgruppen zurück und berichten reihum über die Ergebnisse der anderen Gruppen. Dann kann das eigene Gruppenergebnis entsprechend überarbeitet, verbessert oder ergänzt werden.
Der Begriff „Uhrwerkpräsentation" stammt übrigens von Schülern. Sie assoziierten die oben beschriebene erste Wanderung mit den verschiedenen Zeigern: Der erste Schüler, der nur eine Gruppe weiterzieht, ist der Stundenzeiger, der sich in einer bestimmten Zeit am langsamsten fortbewegt, der Minutenzeiger entspricht dem zweiten Schüler, der zwei Gruppen weiterzieht und der Sekundenzeiger, der in derselben Zeit den weitesten Weg zurücklegt, entspräche dem dritten Schüler in der Gruppe. Die weiteren Wanderungen der gesamten Gruppe erfolgen im „Uhrzeigersinn" – was wiederum an ein Uhrwerk erinnern kann.

Literatur- und Linktipps

Literaturtipps

David W. Johnson, Roger T. Johnson, Edythe Johnson Holubec:
**Kooperatives Lernen.
Kooperative Schule.**
Tipps, Praxishilfen und Konzepte
Verlag an der Ruhr, 2005.
ISBN 978-3-8346-0021-9

Spencer Kagan:
Kagan Cooperative Learning.
Kagan Publishing, 2008.
ISBN 978-1-8790-9710-0

(Beide Bücher habe ich auch verwendet. Das zuerst genannte ist eine echte Ergänzung zu meinem Buch, da es den theoretischen Hintergrund für kooperatives Arbeiten sehr gut darstellt; das zweite ist auf Englisch und stellt kooperative Unterrichtsmethoden vor, wie sie für kalifornische Schulen entwickelt wurden; viele Ideen in meinem Buch gehen auf ihn und sein Werk zurück.)

Linktipps

www.ldl.de
(Internetseite zum Lernen durch Lehren, LdL, von Jean-Pol Martin und Joachim Grzega)

www.co-operation.org
(Homepage von David W. Johnson und Roger T. Johnson, u.a. mit wichtigen Forschungsergebnissen zum kooperativen Lernen)

www.kooperatives-lernen.de
(Homepage von Peter Blomert, Mönchengladbach, mit methodischen Tipps für den Unterricht und weiteren Literaturvorschlägen)

www.learn-line.nrw.de/angebote/greenline
Bildungsportal des Schulministeriums NRW mit Informationen zu kooperativem Lernen im Rahmen von Schulentwicklung, Unterrichtsbeispiele, basierend auf Norm Greens Konzept zu kooperativem Lernen.

www.learn-line.nrw.de/angebote/greenline/lernen/grund/pisa.html
Bildungsportal des Schulministeriums NRW mit einer Darstellung, warum dem Verhaltensrepertoire von Lehrern Kooperatives Lernen hinzuzufügen ist, nämlich u.a. um den erzieherischen und unterrichtlichen Prioritäten zu entsprechen, die im Rahmen der PISA-Studie für erfolgreiches Lernen im 21. Jahrhundert benannt wurden.

Die in diesem Werk angegebenen Internetadressen haben wir geprüft (November 2009). Da sich Internetadressen und deren Inhalte schnell verändern können, ist nicht auszuschließen, dass unter einer Adresse inzwischen ein ganz anderer Inhalt angeboten wird. Wir können daher für die angegebenen Internetseiten keine Verantwortung übernehmen.

Verlag an der Ruhr

Alexanderstraße 54
45472 Mülheim an der Ruhr

Telefon 05 21 / 97 19 330
Fax 05 21 / 97 19 137

bestellung@cvk.de
www.verlagruhr.de

Es gelten die Preise auf unserer Internetseite.

■ **Geld für Ihre Schule**
durch PR, Fundraising und Sponsoring
Martina Peters
Für alle Schulstufen, 178 S., 16 x 23 cm, Paperback
ISBN 978-3-8346-0383-8
Best.-Nr. 60383
17,80 € **(D)**/18,30 € (A)/31,20 CHF

■ **Lernen mit Projekten**
In der Gruppe planen, durchführen, präsentieren
Kerstin Klein
Kl. 5–13, 156 S., 16 x 23 cm, Paperback, zweifarbig, CD-ROM
ISBN 978-3-8346-0440-8
Best.-Nr. 60440
16,80 € **(D)**/17,30 € (A)/29,50 CHF

■ **Lerncoaching**
Vom Wissensvermittler zum Lernbegleiter. Grundlagen und Praxishilfen.
Michele Eschelmüller
Für alle Schulstufen, 140 S., 16 x 23 cm, Paperback, zweifarbig
ISBN 978-3-8346-0393-7
Best.-Nr. 60393
17,80 € **(D)**/18,30 € (A)

So geht das
■ **Bessere Chancen für alle durch individuelle Förderung**
Die besten Methoden
Jonas Lanig
Kl. 5–10, 182 S., A5, Paperback
ISBN 978-3-8346-0381-4
Best.-Nr. 60381
17,80 € **(D)**/18,30 € (A)/31,20 CHF

Strategien • Tipps • Praxishilfen